한 문장으로 통(通)하는
중국어 표현
100

한 문장으로 통(通)하는
중국어 표현 100

초판 인쇄일 2017년 6월 28일
초판 발행일 2017년 7월 5일

지은이 최진권
발행인 박정모
등록번호 제9-295호
발행처 도서출판 혜지원
주소 (10881) 경기도 파주시 회동길 445-4(문발동 638) 302호
전화 031) 955-9221~5 팩스 031) 955-9220
홈페이지 www.hyejiwon.co.kr

기획·진행 박혜지
디자인 김희진
영업마케팅 김남권, 황대일, 서지영
ISBN 978-89-8379-936-4
정가 17,000원

Copyright © 2017 by 최진권 All rights reserved.

No Part of this book may be reproduced or transmitted in any form,
by any means without the prior written permission on the publisher.

이 책은 저작권법에 의해 보호를 받는 저작물이므로 어떠한 형태의 무단 전재나 복제도 금합니다.
본문 중에 인용한 제품명은 각 개발사의 등록상표이며, 특허법과 저작권법 등에 의해 보호를 받고 있습니다.

이 도서의 국립중앙도서관 출판시도서목록(CIP)은 서지정보유통지원시스템 홈페이지(http://seoji.nl.kr)와 국가
자료공동목록시스템(http://www.nl.go.kr/kolisnet)에서 이용하실 수 있습니다.(CIP제어번호 : CIP2017011641)

한국인으로서 중국인이 자주 쓰는 표현들을 구사한다는 것이 쉽지만은 않습니다. 언어라는 것은 그들을 모방하고 흉내 내는 것만으로 학습자에게 많은 도움이 되고, 그들과 소통 시 중국인 같은 외국인으로 인식이 될 것입니다.

25년 간 중국어를 공부를 하고 있는 지금도 그들의 표현을 따라하려고 노력하고 있습니다. 중국어 공부하는 과정은 마라톤과 같다고 할 수 있습니다. 지구력과 인내력이 필요합니다. 오늘 작은 점으로 시작한 작은 결실이 시간이 지난 후에는 하나의 큰 직선으로 여러분의 중국어 실력이 어느새 성장해있을 것입니다.

남들이 할 수 있는 일을 꾸준히 하는 사람은 많지 않습니다.
중국어를 학습으로 생각하지 마시고, 나의 꿈을 이루기 위한 밑거름이라고 생각하신다면 매일매일 꾸준히 해나갈 수 있을 것입니다.

중국어 한마디라는 주제로 나온 책들은 많이 있지만 실질적으로 학습자에게 도움을 주는 교재는 많지 않습니다. 또한 그 표현을 어떻게 그들에게 활용을 하는지에 대해서 어려워하고 있는 것도 사실입니다. 표현을 제시하고 그에 맞는 표현을 어떻게 활용할 수 있는지에 대해 대화문을 제시하였고, 표현 속에서 알아야 할 내용도 따로 준비를 했습니다.

마지막으로 이 책이 나올 수 있도록 도와주신 박혜지 편집자님과 혜지원 임직원 모두에게 감사의 마음을 함께 올립니다.
아울러 항상 옆에서 응원해주고 지지해준 저의 아내에게 감사하다는 말을 전하고 언제나 믿고 든든한 버팀목이 되어준 가족들에게도 고마운 마음 전합니다.

최 진 권

목차

1. 일상

01. 这让我有点儿担心。 저기, 이게 좀 신경이 쓰이네요. • 14
02. 糟糕，今天又得素面朝天了。 이런, 오늘 생얼이에요. • 17
03. 本人比照片好看。 저는 실물이 더 괜찮아요. • 20
04. 说谎也不打打草稿。 입에 침이나 바르고 말씀하세요. • 23
05. 我越提越想吃，都流口水了。 볼수록 입안에서 군침이 도네요. • 26
06. 还不错，就是忙了点儿。 바빠서 그렇지, 뭐 나름 그런대로 나쁘지 않아요. • 29
07. 原来你们是双职工。 맞벌이 부부시군요. • 32
08. 这里有无线网络吗？ 여기 와이파이 되나요? • 35
09. 我懒得出去。 지금은 나가기 귀찮아요. • 38
10. 我们抛硬币决定吧。 우리 동전 던지기로 정합시다. • 41
   - 쉬어가기 ❶ 英雄本色 영웅본색 • 44

2. 공감

01. 咱们等等看看吧。 우리 기다려 보자. • 48
02. 趁这个机会跟他好好儿谈谈吧！ 이번 기회에 그와 이야기 해봐요! • 51
03. 我们很谈得来。 우리는 말이 잘 통하는 사이에요. • 54
04. 说得比唱得还好听。 말만 잘해, 허풍이야. • 57
05. 真是雪中送炭。 정말 어려울 때 그 사람이 도와줬어요. • 60
06. 不看也猜得到。 안 봐도 비디오입니다. • 63
07. 说开了，就会好受一点儿。 말이라는 것은 한번 털어 놓기만 하면 돼요. • 66
08. 我终于派上用场了，真高兴！ 유용하게 쓰이게 되어서 저는 기뻐요! • 69
09. 这是我的一点心意，请笑纳。 이건 저의 작은 성의니 받아주세요. • 72
10. 那也不能让你一个人掏腰包。 그래도 너 혼자 돈을 내게 할 수는 없지. • 75
   - 쉬어가기 ❷ 甜蜜蜜 첨밀밀 • 78

3. 고민

01. 今天忙跑来跑去, 腿都跑细了。 휴우, 오늘 너무 바빠서 진이 빠진다. • 82
02. 每个骨节酸疼。 온 몸 마디마디가 쑤셔요. • 85
03. 怎么办，这下彻底完蛋了。 어떡하지, 이번에 완전히 망해버렸어. • 88
04. 你这是在取笑我吗？ 너 지금 나 놀리는 거지? • 91
05. 你怎么那么会抓人话柄啊！ 너 어쩜 말꼬리를 그렇게 잘 잡니! • 94

06. 不能见死不救。 나 몰라라 할 수 없어요. • 97
07. 谁知道以后会怎么样？ 한 치 앞도 모르는데 세상일을 누가 아나요? • 100
08. 谁也别笑谁。 놀리지 마. • 103
09. 你什么时候能懂事？ 에휴, 너 언제 철 좀 들래? • 106
10. 我的心也软了。 내 마음이 너무 약해지네요. • 109
- 쉬어가기 ❸ 漂亮妈妈 표량마마(예쁜 엄마) • 112

4. 의견

01. 我带一个朋友来你不会介意吧！ 제가 친구 한 명 데리고 갈 건데 괜찮죠! • 116
02. 一定要我说明白吗？ 그걸 꼭 말로 해야 하나요? • 119
03. 我这么做都是为了你。 제가 이러는 건 모두 당신을 위해서 그러는 겁니다. • 122
04. 划清界限啊。 선을 확실하게 긋는 것이 좋아요. • 125
05. 只要不重蹈覆辙就好。 똑같은 실수를 반복하면 안됩니다. • 128
06. 不要着急，一步一步来。 서두르지 말고 천천히 합시다. • 131
07. 我怕你帮倒忙。 가만있는 게 도와주는 겁니다. • 134
08. 我说到哪儿了？ 내가 지금 어디까지 이야기했더라... • 137
09. 真宰人！ 바가지 썼네요! • 140
10. 你别太劳累了。 좀 쉬엄쉬엄 하세요. • 143
- 쉬어가기 ❹ 那些年，我们一起追的女孩 그 시절, 우리가 좋아했던 소녀 • 146

5. 부탁

01. 请帮我看一下手相吧。 손금 한 번 봐주세요. • 150
02. 有可能会改变，但绝对不能放弃。 바뀔 수는 있지만 절대 포기하지 마세요. • 153
03. 请再给我一点时间。 저에게 시간을 주세요. • 156
04. 我能冒昧地问一句吗？ 외람된 질문 하나 할게요. • 159
05. 我一直有个问题想问你。 줄곧 너에게 물어보고 싶은 것이 있었어. • 162
06. 打勾勾，这是我们俩的秘密。 약속해요, 우리 비밀 말하지 말아주세요. • 165
07. 你就别老板着脸了。 그렇게 무뚝뚝한 표정 하지 말아요. • 168
08. 你别指手画脚了。 이래라 저래라 간섭하지 말아주세요. • 171
09. 你不要说话不算话。 한 입으로 두 말 하지 마. • 174
10. 请听我说完。 사람 말은 끝까지 들어주세요. • 177
- 쉬어가기 ❺ 分手合约 이별계약 • 180

6. 황당

01. 这不是明知故问？알면서 물어보는 거 아니야? • 184
02. 你的脸皮比城墙还厚呢。당신 진짜 얼굴 두껍다. • 187
03. 我突然词穷了。순간 말문이 막혀버렸어요. • 190
04. 真是摸不着头脑。정말 영문을 모르겠네요. • 193
05. 我脑子一片混乱。멘붕이에요. • 196
06. 背着抱着一样沉。도긴개긴. • 199
07. 你别任性了吧。제발 즉흥적으로 하지 마. • 202
08. 我觉得自己萌萌哒！난 내가 생각해도 참 귀여운 것 같아요! • 205
09. 看我这记性。이런. 내 기억력 좀 봐봐. • 208
10. 说一千道一万，你就不想帮我。백 번 천 번 말해도 도와주기 싫다는 거네요. • 211
   - 쉬어가기 ❻ 匆匆那年 총총나년 • 214

7. 연애

01. 我们是暧昧关系。 우리는 썸 타는 관계야(썸남, 썸녀). • 218
02. 她跟我搞拉锯战，在吊人胃口。그녀와 밀당해요. 그런데 그녀가 튕기고 있어요. • 221
03. 我想你想得睡不着觉。당신만 생각하면 설레여서 잠이 안 와요. • 224
04. 听你这么一说，我也想看了。너가 그렇게 말하니 나도 보고 싶네. • 227
05. 天涯何处无芳草。짚신도 짝이 있다고 하죠. • 230
06. 不管怎么样我支持到底。어찌 되었든 난 끝까지 네 편이야. • 233
07. 我陪你，直到你满意为止。네가 만족할 때까지 같이 있을게. • 236
08. 你多大鞋，我就多大脚。내가 너한테 다 맞출게. • 239
09. 我俩简直是天生一对。당신과 저는 처음이자 마지막 천생연분이에요. • 242
10. 梦中有我。내 꿈 꿔. • 245
   - 쉬어가기 ❼ 同桌的妳 동탁적니 • 248

8. 이별

01. 各走各的路吧。우리 서로 각자의 길을 가요. • 252
02. 我到底哪儿得罪你了。도대체 내가 무엇을 잘못한 거니? • 255
03. 我绝对不会缠着你的。절대로 너한테 집착하지 않을게. • 258
04. 我们一刀两断吧。우리 깨끗이 헤어지자. • 261
05. 我们有缘无份。우리는 인연이 아닌가 봐요. • 264
06. 真让人心塞。정말 마음이 아파요. • 267
07. 这是我为你做的最后一件事情。이게 너를 위해 할 수 있는 마지막이야. • 270

08. 他已经飞出你的手心了。 그는 이미 떠났어요. • 273
09. 分手的当时我只想一个人静一静。 이별 당시에는 혼자 있고 싶다는 생각뿐이었어. • 276
10. 天下没有不散的宴席。 헤어짐 없는 만남은 없어. • 279
- 쉬어가기❽ 黄金时代 황금시대 • 282

9. 평가

01. 顽固的人不是我的菜。 앞 뒤 꽉 막힌 사람은 제 스타일이 아니에요. • 286
02. 其实他是个很重情义的人。 사실 그는 정이 많은 사람이에요. • 289
03. 他跟陌生人也能聊得开。 그는 누구와도 금방 친해질 수 있어요. • 292
04. 无论在什么情况下，他都很会调节气氛。
    그는 언제나 분위기를 이끄는 분위기 메이커에요. • 295
05. 他终于脱颖而出。 그가 드디어 두각을 나타냈어요. • 298
06. 你总是耍嘴皮子。 너는 항상 말만 번지르르하게 해. • 301
07. 他总是有点儿过火。 걔는 늘 오버해. • 304
08. 你太挑剔了。 당신은 정말 까다로워요. • 307
09. 你还真有幽默感。 당신 정말 유머감각이 있네요. • 310
10. 别孩子气了！ 나잇값 좀 합시다. • 313
- 쉬어가기❾ 归来 5일의 마중 • 316

10. 의지

01. 我的新年目标就是不沾一滴酒！ 신년 목표는 입에 술 한 방울도 대지 않기입니다. • 320
02. 我是说真格的。 저는 정말 진심으로 말하는 겁니다. • 323
03. 其实我不想放弃。 사실 저는 포기하고 싶지 않아요. • 326
04. 我会尽力而为。 최선을 다해보겠습니다. • 329
05. 我们说正题吧。 본론으로 들어갑시다. • 332
06. 谁都不能例外。 그 누구도 예외는 없습니다. • 335
07. 我这个人，不管做什么都不随波逐流。 저는 무슨 일을 하든 대세를 따르지 않습니다. • 338
08. 在这件事情上，我绝对不能睁一只眼闭一只眼。
    난 이 일을 눈 감아 줄 수가 없을 것 같네요. • 341
09. 我尽可能满足大家的要求。 최대한 여러분의 요구를 만족시키도록 해보겠습니다. • 344
10. 我要去换一换心情。 이제 기분 전환을 해야겠어요. • 347
- 쉬어가기❿ 左耳 좌이 • 350

이 책의 활용법

총 10개의 Chapter로 구성하고, 각 Chapter마다 10개의 표현을 넣었습니다. 또 표현마다 대화문을 통해서 학습하고 팁들을 넣어 보다 중국어를 심화해서 학습할 수 있도록 정리하였습니다.

저자 강의, 대화문 mp3 파일
저자 강의와 본문의 대화문을 공부할 수 있는 mp3 파일입니다. 중국어 표현을 원어민 녹음으로 공부할 수 있도록 준비했습니다.

한마디 표현
각 과에서 배워야 하는 표현을 소개하였습니다.

대화문
한마디 표현이 어떻게 대화문에서 사용하는지 알려주며 대화문을 통해서 또 다른 새로운 표현을 배울 수 있게 하였습니다.

단어
대화문에서 필요한 새로운 단어를 소개합니다.

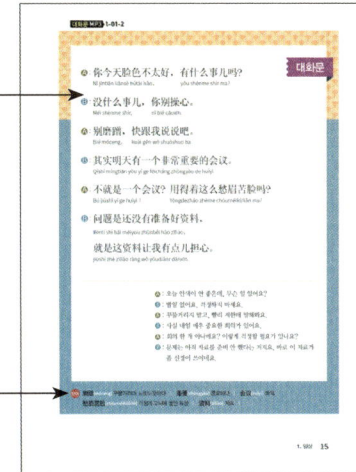

자세히 알아보기

대화문에서 꼭 알아야 할 부분에 대해 정리하였습니다.

쓰기 연습

한마디 표현을 복습하는 의미로 다시 공부할 수 있도록 쓰기 연습을 준비했습니다.

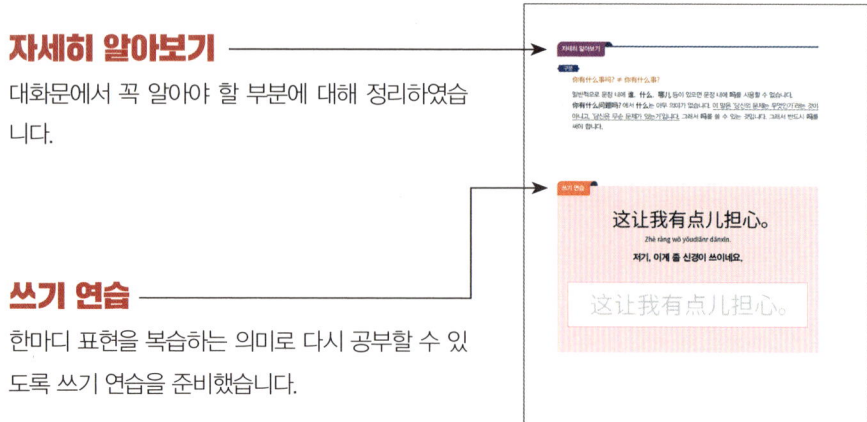

쉬어가기

각 Chapter가 끝날 때마다 쉬어가기 페이지를 통해 중국 영화에 대해 알아보고 영화에서 나오는 명대사를 준비했습니다.

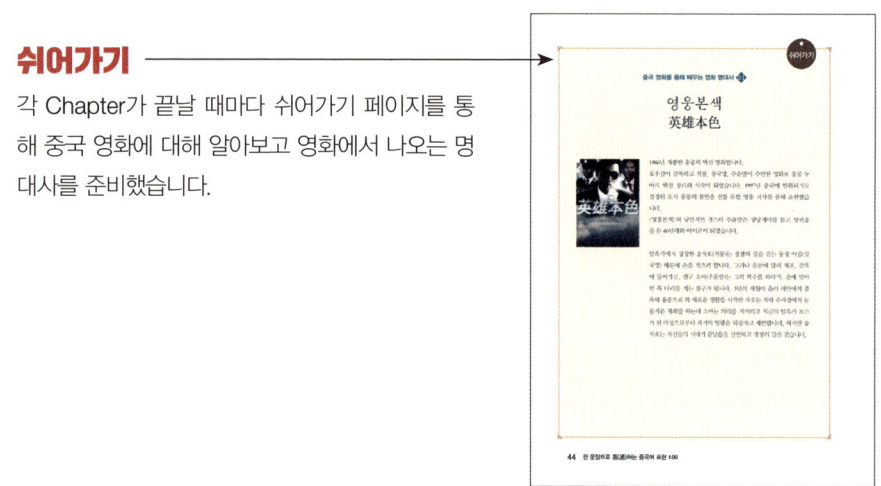

한 문장으로 통하는
중국어 표현 100

우리는 **일상**에서 많은 사람들과 관계를 맺으며 살아가고 타인과의 **공감**을 통해서 **고민**과 **의견**을 주고받습니다. 때로는 서로에게 **부탁**하기도 합니다. 일상에서 꼭 좋은 일만 있으리라는 법은 없습니다. 물론 **황당**한 일을 겪기도 합니다. 그리고 사람들과 더불어 살아가면서 **연애**도 하고 **이별**도 하면서 행복과 슬픔을 나눕니다. 현대 사회는 **평가**가 더 중요한 사회라고들 하죠. 그러나 본인의 **의지**와 스스로가 만족하는 삶이라면 그 어느 누구도 평가할 수 없다고 생각합니다.

'한 문장으로 통하는 중국어 표현 100'은 이런 일상에서 필요한 표현들을 중국어로 공부해보면 어떨까?라는 아이디어에서 시작되었습니다. 중국어에 관심을 가지고 있는 분들이라면 아마 처음부터 끝까지 재미있고 흥미롭게 보실 수 있을겁니다.

그럼 이제 시작합니다.

Chapter 1

일상

매일 반복되는 보통의 일을 우리는 일상이라고 하는데 그 속에서는 많은 일들이 일어납니다. 우리는 사람 간의 관계를 통해 타인을 이해하면서 자신도 발전하는 계기로 삼습니다. 무료한 일상에 조금씩 변화를 가진다면 소소한 행복을 찾을 수 있을 것입니다.

1. 这让我有点儿担心。저기, 이게 좀 신경이 쓰이네요.
2. 糟糕，今天又得素面朝天了。이런, 오늘 생얼이에요.
3. 本人比照片好看。저는 실물이 더 괜찮아요.
4. 说谎也不打打草稿。입에 침이나 바르고 말씀하세요.
5. 我越提越想吃，都流口水了。볼수록 입안에서 군침이 도네요.
6. 还不错，就是忙了点儿。바빠서 그렇지, 뭐 나름 그런대로 나쁘지 않아요.
7. 原来你们是双职工。맞벌이 부부시군요.
8. 这里有无线网络吗？여기 와이파이 되나요?
9. 我懒得出去。지금은 나가기 귀찮아요.
10. 我们抛硬币决定吧。우리 동전 던지기로 정합시다.

저기, 이게 좀 신경이 쓰이네요.
这让我有点儿担心。
Zhè ràng wǒ yǒudiǎnr dānxīn.

살다 보면 큰 문제가 아니라 작은 문제로 인해 신경이 쓰일 때가 있는데요. 사실 문제가 발생하는 것은 모두 작은 것으로부터 시작이 되는 경우가 많습니다. 사소한 일이라고 무시하고 지낸다면 그 작은 것 때문에 큰일을 그르치는 경우를 많이 봅니다. 천릿길도 한 걸음부터라고 작은 것부터 먼저 해결해야겠지요?

알고 넘어가기

문법

有点儿과 一点儿에 대해 알아보겠습니다. 有点儿은 부사어이고, 一点儿은 보어로 쓰입니다.

[有点儿] 일반적으로 뒤에는 안 좋은 의미를 동반합니다.

有点儿 + 형용사/동사 : 좀, 약간

东西有点儿贵。 Dōngxi yǒudiǎnr guì.
물건이 좀 비쌉니다.

[一点儿]

형용사 + (一)点儿

请说得慢一点儿。 Qǐng shuō de màn yīdiǎnr.
좀 천천히 말해주세요.

동사 + (一)点儿 + (명사)

桌子上有(一)点儿水。 Zhuōzi shang yǒu(yī)diǎnr shuǐ.
책상 위에는 물이 좀 있습니다.

대화문

Ⓐ: 你今天脸色不太好，有什么事儿吗?
Nǐ jīntiān liǎnsè bútài hǎo, yǒu shénme shìr ma?

Ⓑ: 没什么事儿，你别操心。
Méi shénme shìr, nǐ bié cāoxīn.

Ⓐ: 别磨蹭，快跟我说说吧。
Bié móceng, kuài gēn wǒ shuōshuo ba.

Ⓑ: 其实明天有一个非常重要的会议。
Qíshí míngtiān yǒu yí ge fēicháng zhòngyào de huìyì.

Ⓐ: 不就是一个会议? 用得着这么愁眉苦脸吗?
Bú jiùshì yí ge huìyì? Yòngdezháo zhème chóuméikǔliǎn ma?

Ⓑ: 问题是还没有准备好资料，
Wèntí shì hái méiyou zhǔnbèi hǎo zīliào,

就是这资料让我有点儿担心。
jiùshì zhè zīliào ràng wǒ yǒudiǎnr dānxīn.

Ⓐ : 오늘 안색이 안 좋은데, 무슨 일 있어요?
Ⓑ : 별일 없어요. 걱정하지 마세요.
Ⓐ : 꾸물거리지 말고, 빨리 저한테 말해봐요.
Ⓑ : 사실 내일 매우 중요한 회의가 있어요.
Ⓐ : 회의 한 개 아니에요? 이렇게 걱정할 필요가 있나요?
Ⓑ : 문제는 아직 자료를 준비 안 했다는 거지요, 바로 이 자료가 좀 신경이 쓰이네요.

단어 磨蹭 [móceng] 꾸물거리다, 느릿느릿하다 | 重要 [zhòngyào] 중요하다 | 会议 [huìyì] 회의
愁眉苦脸 [chóuméikǔliǎn] 걱정과 고뇌에 쌓인 표정 | 资料 [zīliào] 자료

자세히 알아보기

구문

你有什么事吗? ≠ 你有什么事?

일반적으로 문장 내에 **谁**, **什么**, **哪儿** 등이 있으면 문장 내에 **吗**를 사용할 수 없습니다.
你有什么问题吗? 에서 **什么**는 아무 의미가 없습니다. 이 말은 '당신의 문제는 무엇인가'라는 것이 아니고, '당신은 무슨 문제가 있는가'입니다. 그래서 **吗**를 쓸 수 있는 것입니다. 그래서 반드시 **吗**를 써야 합니다.

쓰기 연습

这让我有点儿担心。

Zhè ràng wǒ yǒudiǎnr dānxīn.

저기, 이게 좀 신경이 쓰이네요.

这让我有点儿担心。

이런, 오늘 생얼이에요.

糟糕，今天又得素面朝天了。

Zāogāo, jīntiān yòu děi sùmiàncháotiān le.

素面朝天은 '맨 얼굴로 하늘을 향한다.'라는 의미입니다. 원래는 화장을 하지 않고 황제를 만난다는 의미에서 시작이 되었습니다. 이 성어에 대한 고사는 〈양태진외전〉이라는 책에 곽국부인은 천하일색의 미인으로 화장도 하지 않고 꾸미지 않고서 당 태종을 만났다는 이야기에서 시작합니다. 그래서인지 지금도 '여전히 화장을 하지 않는다.'라는 의미로 쓰이지만 좀 더 넓은 의미로는 매우 소박하다는 뜻입니다.

알고 넘어가기

표현법

素面朝天 [sùmiàncháotiān] : 몸치장이 소박하고 화장을 하지 않는다

素面만 사용하면 명사로 '생얼'이라는 의미이고, **素面朝天**은 성어지만 술어로 사용되었습니다. 또 다르게 표현을 하면 **素颜**[sùyán]라고도 표현할 수 있습니다. 일반적으로는 **素颜**을 더 많이 씁니다.

나이에 비해서 어려 보인다는 표현은 동안이라고 하죠, 중국어로는 **娃娃脸**[wáwaliǎn]라고 합니다. **娃娃**는 인형이라는 의미로, 인형 같은 얼굴이라는 뜻입니다.

Ⓐ: 太阳都晒屁股啦，你还在睡觉?
Tàiyáng dōu shài pìgu la, nǐ hái zài shuìjiào?

Ⓑ: 现在几点了?
Xiànzài jǐ diǎn le?

Ⓐ: 都十点了。
Dōu shí diǎn le.

Ⓑ: 糟糕，今天又得素面朝天了。
Zāogāo, jīntiān yòu děi sùmiàncháotiān le.
你怎么现在才叫醒我啊?
Nǐ zěnme xiànzài cái jiàoxǐng wǒ a?

Ⓐ: 你睡懒觉也是我的错?
Nǐ shuìlǎnjiào yěshì wǒ de cuò?

Ⓑ: 人家今天得去公司给老板汇报工作结果。
Rénjiā jīntiān děi qù gōngsī gěi lǎobǎn huìbào gōngzuò jiéguǒ.

Ⓐ: 해가 중천에서 떴는데 아직도 자니?
Ⓑ: 지금 몇 시에요?
Ⓐ: 벌써 10시야.
Ⓑ: 이런, 오늘 생얼로 가야돼요. 왜 지금 깨웠어요?
Ⓐ: 네가 늦잠 잔 것이 내 잘못이니?
Ⓑ: 오늘 회사에 가서 사장님에게 업무 결과를 보고해야 돼요.

단어 糟糕[zāogāo] 못쓰게 하다, 망치다, 큰일 나다 | 睡懒觉[shuìlǎnjiào] 늦잠자다 | 汇报[huìbào] 보고하다
结果[jiéguǒ] 결과

자세히 알아보기

표현

太阳都晒屁股에 대해 알아보겠습니다.
내용을 해석하면 **해가 엉덩이를 비추다**라는 의미를 가집니다.

보통 늦게까지 자고 있는 사람한테 쓸 수 있는 말입니다.
'해가 중천까지 떴다.'라는 의미입니다.

쓰기 연습

糟糕，今天又得素面朝天了。
Zāogāo, jīntiān yòu děi sùmiàncháotiān le.

이런, 오늘 생얼이에요.

糟糕,
今天又得素面朝天了。

저는 실물이 더 괜찮아요.

本人比照片好看。

Běnrén bǐ zhàopiàn hǎokàn.

보통은 실물보다 사진이 더 잘 나올 때가 있지요?
요즘은 소개팅을 하기 전에 서로 사진 교환을 많이 하는데, 그러다 보니 실제로 보고 난 후 실망을 하는 경우가 종종 있죠. 꼭 소개팅이 아니더라도 이미지로 보았던 얼굴과 실제의 얼굴은 많이 달라서 당황했던 경험은 누구나 있을 거예요.

알고 넘어가기

어휘

像片 [xiàngpiàn] 사진
照片 [zhàopiàn] 사진
拍照片 [pāi zhàopiàn] 사진을 찍다
洗照片 [xǐ zhàopiàn] 사진을 인화하다
照骗 [zhàopiàn] 사진발

骗은 '속이다'라는 의미로 '속이면서 찍다'라고 해석이 가능하기 때문에 결국은 '사진발'이라는 의미를 가집니다.

像片과 照片의 차이점은 모두 사진이라는 의미를 가집니다.
照片이 사진 전체를 의미하는 것이라면, 像片은 인물 사진을 의미합니다.

대화문 MP3 1-03-2

Ⓐ : 我本来就很不上相。
Wǒ běnlái jiù hěn bú shàngxiàng.

Ⓑ : 谁说的?
Sheí shuō de?

Ⓐ : 都说本人比照片好看啊。
Dōu shuō běnrén bǐ zhàopiàn hǎokàn a.

Ⓑ : 那些人肯定都需要你的帮助。
Nàxiē rén kěndìng dōu xūyào nǐ de bāngzhù.

Ⓐ : 你是怎么知道的? 他们确实需要我的帮助。
Nǐ shì zěnme zhīdào de? Tāmen quèshí xūyào wǒ de bāngzhù.

Ⓑ : 这还用想吗? 拍马屁呗。
Zhè hái yòng xiǎng ma? Pāimǎpì bei.

Ⓐ : 저는 원래 사진을 잘 받지 않거든요.
Ⓑ : 누가 그래요?
Ⓐ : 모두 실물이 더 괜찮다고 하던데요.
Ⓑ : 그 사람들은 확실히 당신의 도움을 필요로 하기 때문이겠죠.
Ⓐ : 어떻게 알았어요? 그들은 확실히 저의 도움을 필요로 하고 있어요.
Ⓑ : 생각할 필요 있어요? 아부하는 거죠.

단어 上相[shàngxiàng] 사진을 잘 받다 | 肯定[kěndìng] 확실히 | 需要[xūyào] 필요로 하다 | 帮助[bāngzhù] 돕다
拍马屁[pāimǎpì] 아부를 떨다

1. 일상

자세히 알아보기

표현법

这还用想吗? 에 대해 알아보겠습니다.

의미는 생각할 필요가 있는가?라는 의미로 '생각할 필요가 없다.'는 의미가 됩니다. 반어적인 의미를 가지며, 그렇게까지 할 필요가 있는지를 말할 때 쓸 수 있는 표현입니다. 비슷한 의미로 **还用说吗?** 가 있는데 의미는 말할 필요 없다, 당연하다라는 의미로 쓰입니다.

쓰기 연습

本人比照片好看。

Běnrén bǐ zhàopiàn hǎokàn.

저는 실물이 더 괜찮아요.

本人比照片好看。

입에 침이나 바르고 말씀하세요.
说谎也不打打草稿。
Shuōhuǎng yě bù dǎda cǎogǎo.

아마도 한 번 이상은 거짓말을 들어봤거나 말해본 적이 있으시죠?
우리는 살면서 하얀 거짓말을 할 때가 있는데요. 비록 거짓말이지만 하얀 거짓말은 사람의 마음을 열게 해주는 힘이 있는 것 같습니다.

알고 넘어가기

단어

打草稿 : 초고를 쓰다, 说谎 : 거짓말을 하다

그 외, 거짓말을 의미하는 단어에 대해 알아보겠습니다.

撒谎[sāhuǎng], 骗人[piànrén], 假话[jiǎhuà]

'거짓말하지 마세요'라는 표현을 하기 위해서는 단어 앞에 别[bié], 不要[búyào]라는 추가하여 사용하면 됩니다.

别撒谎, 不要撒谎
别骗人, 不要骗人
别假话, 不要假话

Ⓐ : 你今天有什么事吗?
Nǐ jīntiān yǒu shénme shì ma?

Ⓑ : 没有什么事啊。
Méiyou shénme shì a.

Ⓐ : 今天跟以前不一样，你肯定有约会，
Jīntiān gēn yǐqián bù yíyàng, nǐ kěndìng yǒu yuēhuì,

扮打得这么漂亮。
bàn dǎ de zhème piàoliang.

Ⓑ : 别拿我寻开心了，说谎也不打打草稿。
Bié ná wǒ xún kāixīn le, shuōhuǎng yě bù dǎda cǎogǎo.

Ⓐ : 我是说真的，我什么时候骗过你呀?
Wǒ shì shuō zhēnde, wǒ shénme shíhou piànguo nǐ ya?

Ⓑ : 现在！哈哈！
Xiànzài! Hāhā!

Ⓐ : 오늘 무슨 일 있어요?
Ⓑ : 특별한 일 없는데요.
Ⓐ : 오늘 뭔가 달라 보여요. 데이트 있죠? 화장이 잘 되신 것 같아요.
Ⓑ : 놀리지 마세요, 입에 침이나 바르고 말씀하시죠.
Ⓐ : 정말이에요, 제가 언제 거짓말 한 적 있나요?
Ⓑ : 지금이요. 하하!

단어 草稿[cǎogǎo] 초고 | 骗[piàn] 속이다

자세히 알아보기

문법

정도보어는 술어가 도달한 정도나 상태를 표시합니다.

동사/형용사 + 得 + (不) + 정도보어

他的汉语说得很好。 Tā de Hànyǔ shuō de hěn hǎo.
그는 중국어를 잘합니다.

他唱得不好。 Tā chàng de bù hǎo.
그는 노래를 못합니다.

동사/형용사 + 极了 / 死了 / 多了

我最近忙死了。 Wǒ zuìjìn máng sǐ le.
나는 요즘 바빠 죽겠어요.

상태를 표시하는 정도보어문이 목적어를 동반할 때는 동사를 중복하여 '동사 + 목적어 + 동사 + 보어'의 형식을 취하거나 앞의 동사를 생략하여 '목적어 + 동사 + 보어'의 형식을 취합니다.

쓰기 연습

说谎也不打打草稿。

Shuōhuǎng yě bù dǎda cǎogǎo.

입에 침이나 바르고 말씀하세요.

说谎也不打打草稿。

05 저자 강의 MP3 ▶ 1-05-1

볼수록 입안에서 군침이 도네요.

我越提越想吃，都流口水了。

Wǒ yuè tí yuè xiǎng chī, dōu liú kǒushuǐ le.

다이어트할 때, 식욕을 참는 것은 매우 힘들죠!
다이어트에 실패를 하는 가장 큰 이유는 '그래, 오늘만 먹고 내일부터 다시 시작하자.'라는 자기 합리화를 하기 때문은 아닐까요. 사진만으로 욕구를 충족하고자 하지만 입안에서 군침이 도는 것을 참을 수가 없네요.

알고 넘어가기

표현법

口水[kǒushuǐ]는 **침**이라는 의미를 가집니다.

口水战[kǒushuǐ zhàn]은 '침 전쟁'이라는 의미이기 때문에 '설전(舌战)'이라는 의미로 쓰입니다. 어떤 미묘한 문제에 대해 서로가 토론을 하면서 자신의 주장을 펴는 상황을 우리는 **口水战**이라고 표현합니다.

구문

越 A 越 B : A 하면 할수록 B 하다

那时的那件事越想越生气。 Nàshí de nà jiàn shì yuè xiǎng yuè shēngqì.
그때 그 일을 생각하면 할수록 화가 납니다.

대화문

Ⓐ: 什么菜这么香。
Shénme cài zhème xiāng.

Ⓑ: 这家饭馆儿的锅包肉非常有名。
Zhè jiā fànguǎnr de guōbāoròu fēicháng yǒumíng.

Ⓐ: 是吗? 我最喜欢吃锅包肉了。
Shì ma? Wǒ zuì xǐhuan chī guōbāoròu le.

Ⓑ: 那改天一起来吃吧。
Nà gǎitiān yìqǐ lái chī ba.

Ⓐ: 一言为定。我这人一提锅包肉就得去吃。
Yìyánwéidìng. Wǒ zhèrén yì tí guōbāoròu jiù děi qù chī.

Ⓑ: 我也是，越提越想吃。你看，都流口水了。
Wǒ yěshì, yuè tí yuè xiǎng chī. Nǐ kàn, dōu liú kǒushuǐ le.

Ⓐ : 무슨 요리길래 이렇게 향기로워요?
Ⓑ : 저기 식당의 꿔바로우는 매우 유명해요.
Ⓐ : 그래요? 저는 꿔바로우 먹는 것을 매우 좋아해요.
Ⓑ : 언제 한번 같이 가요.
Ⓐ : 그렇게 해요. 저는 꿔바로우만 이야기하면 먹으러 가고 싶거든요.
Ⓑ : 저도 생각할수록 군침이 도네요.

단어 香[xiāng] 향기롭다 | 饭馆儿[fànguǎnr] 식당 | 有名[yǒumíng] 유명하다
一言为定[yìyánwéidìng] 그렇게 하기로 하다, 한마디로 약속하다

자세히 알아보기

구문

一 A..., 就 B...

❶ 앞 동작에 바로 이어 동작이 발생함을 나타냅니다.

一看就知道。Yí kàn jiù zhīdào.
보자마자 알았습니다.

❷ ~하기만 하면 ~하다.
앞 동작은 조건과 원인을 나타내고, 뒷 동작은 결과를 나타냅니다.

一喝酒就脸红。Yì hē jiǔ jiù liǎn hóng.
술만 먹으면 얼굴이 빨개집니다.

쓰기 연습

我越提越想吃，都流口水了。

Wǒ yuè tí yuè xiǎng chī, dōu liú kǒushuǐ le.

볼수록 입안에서 군침이 도네요.

我越提越想吃，
都流口水了。

바빠서 그렇지, 뭐 나름 그런대로 나쁘지 않아요.

还不错，就是忙了点儿。

Hái búcuò, jiùshì máng le diǎnr.

세월이 갈수록 주변 지인들을 1년에 한 번 만나기도 힘든 요즘이랍니다. 요즘은 삶의 리듬이 빨라져서 많은 사람들이 여유가 많이 없는 듯합니다. 그럴수록 여유를 가지려고 노력하며 주위를 둘러보면서 살아야겠습니다.

알고 넘어가기

구문

就是[jiùshì]는 많은 의미를 가지고 있습니다.
가장 많이 쓰이는 의미는 **바로 ~이다**로 강조할 때 쓰입니다.

이 표현에서는 **그렇지만**이라는 의미로 쓰였습니다.

这个东西非常好，就是有点儿贵。 Zhège dōngxi fēicháng hǎo, jiùshì yǒudiǎnr guì.
이 물건은 매우 좋습니다. 그렇지만 약간 비쌉니다.

대화문 MP3 1-06-2

> **대화문**

Ⓐ : 我们很长时间没见。你一点儿都没变。
　　Wǒmen hěn cháng shíjiān méi jiàn.　Nǐ yìdiǎnr dōu méi biàn.

Ⓑ : 哪有，你也是老样子嘛。
　　Nǎ yǒu,　nǐ yě háishi lǎo yàngzi ma.

Ⓐ : 你最近过得怎么样？
　　Nǐ zuìjìn guò de zěnmeyàng?

Ⓑ : 还不错，就是忙了点儿。
　　Hái búcuò,　jiùshì máng le diǎnr.

Ⓐ : 你应该对自己放松点儿，人生最重要的是身体。
　　Nǐ yīnggāi duì zìjǐ fàngsōng diǎnr,　rénshēng zuì zhòngyào de shì shēntǐ.

Ⓑ : 你说的对，我一定会记住的。
　　Nǐ shuō de duì,　wǒ yídìng huì jìzhù de.

Ⓐ : 우리 오랫동안 보지 못했네요. 조금도 변하지 않았네요.
Ⓑ : 무슨 말씀을, 당신도 그대로에요.
Ⓐ : 요즘 잘 지내요?
Ⓑ : 바빠서 그렇지, 뭐 그런대로 나름 나쁘지 않아요.
Ⓐ : 일도 쉬면서 하세요, 살면서 가장 중요한 것이 건강입니다.
Ⓑ : 맞는 말씀입니다. 꼭 명심할게요.

단어 不错[búcuò] 좋다, 괜찮다 | 重要[zhòngyào] 중요하다 | 记住[jìzhù] 기억하다

자세히 알아보기

단어

应该[yīnggāi]는 화자가 생각하기에 어떻게 하는 것이 옳은지에 대해서 표현을 하고, 어떤 일에 대해 자신의 건의나 의견을 말할 때 쓰입니다.

我应该做这件事。 Wǒ yīnggāi zuò zhè jiàn shì.
저는 이 일을 해야 합니다.

必须[bìxū]는 그렇게 하지 않으면 안된다. 꼭 그렇게 해야 한다라는 의미를 나타냅니다.

我们明天必须去参加那个地方。 Wǒme míngtiān bìxū qù cānjiā nàge dìfang.
우리는 내일 반드시 그 곳에 참가해야 합니다.

쓰기 연습

还不错，就是忙了点儿。

Hái búcuò, jiùshì máng le diǎnr.

바빠서 그렇지, 뭐 나름 그런대로 나쁘지 않아요.

还不错，
就是忙了点儿。

맞벌이 부부시군요.
原来你们是双职工。
Yuánlái nǐmen shì shuāngzhígōng.

요즘은 대부분의 가정이 맞벌이를 하는데요. 그러면서 삶의 방식에도 많은 변화가 생겼습니다. 가정에서의 역할 또한 일방적인 가사분담에서 같이하는 가사분담으로 변하고 있습니다. 그로 인해 갈등이 생기기도 하는데 서로를 존중하고 입장을 이해한다면 더욱더 행복한 가정이 되지 않을까요?

알고 넘어가기

표현법

중국에서 유행하는 특정한 族에 대해 알아보겠습니다.

啃老族[kěnlǎozú] 독립할 나이가 되었음에도 부모에게 의지하여 살아가는 사람
月光族[yuèguāngzú] 매달 자신의 월수입을 다 써버리는 사람
丁克族[dīngkèzú] 부부가 맞벌이하면서 아이가 없는 사람
飞鱼族[fēiyúzú] 국내에서 큰 성공을 거두었음에도 외국으로 떠나 새로운 도전을 시작하는 사람
合吃族[héchīzú] 인터넷을 통해 사람을 찾아 맛집을 같이 다니는 사람
乐活族[lèhuózú] 웰빙을 같이 즐기는 사람
装嫩族[zhuāngnènzú] 'kiddult'를 의미하는데, 'kid'와 'adult'이 합쳐져서 만들어진 신조어로 어리게 보이고 싶어서 어울리지 않는 차림새나 말투를 사용하는 사람

대화문

Ⓐ: 你是在什么地方工作的?
Nǐ shì zài shénme dìfang gōngzuò de?

Ⓑ: 我在贸易公司工作。
Wǒ zài màoyì gōngsī gōngzuò.

Ⓐ: 你爱人也工作吗?
Nǐ àiren yě gōngzuò ma?

Ⓑ: 她也工作，我爱人在学校教钢琴。
Tā yě gōngzuò, wǒ àiren zài xuéxiào jiāo gāngqín.

Ⓐ: 原来你们是双职工。那家务也一起分担喽?
Yuánlái nǐmen shì shuāngzhígōng. Nà jiāwù yě yìqǐ fēndān lóu?

Ⓑ: 当然，谁有时间谁就负责家务。
Dāngrán, sheí yǒu shíjiān sheí jiù fùzé jiāwù.

Ⓐ: 당신은 어디에서 일하시나요?
Ⓑ: 저는 무역회사에서 일합니다.
Ⓐ: 당신 아내도 일하시나요?
Ⓑ: 아내도 일해요. 아내는 학교에서 피아노 가르쳐요.
Ⓐ: 맞벌이 부부셨군요. 그럼 집안일은 나눠서 하시나요?
Ⓑ: 그럼요. 서로 시간이 되는 사람이 집안일을 해요.

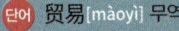 贸易 [màoyì] 무역 | 双职工 [shuāngzhígōng] 맞벌이 부부 | 负责 [fùzé] 책임지다 | 家务 [jiāwù] 집안일

자세히 알아보기

단어

중국어로 **爱人**은 **배우자**라는 의미를 가집니다.

한국에서 애인(愛人)은 서로 사랑하는 관계에 있는 미혼의 남녀를 말하는데요, 한국에서 말하는 남자친구/여자친구라는 표현은 중국어로는 **男朋友**[nánpéng you] / **女朋友**[nǚpéngyou]라고 표현을 합니다.

그 외에 남자인 친구 / 여자인 친구는 **的**를 넣어서 표현합니다.
男的朋友[nán de péngyou] / **女的朋友**[nǚ de péngyou]

쓰기 연습

原来你们是双职工。

Yuánlái nǐmen shì shuāngzhígōng.

맞벌이 부부시군요.

原来你们是双职工。

여기 와이파이 되나요?
这里有无线网络吗？

Zhèli yǒu wúxiàn wǎngluò ma ?

요즘은 어디를 가든 무료 와이파이가 제공됩니다.
그래서 잘 보이는 곳에 아이디와 비밀번호가 적혀 있으므로 편하게 인터넷을 즐길 수가 있어요. 어떤 곳은 물어봐야 비밀번호를 알 수 있어서 이 표현을 알고 중국에 가신다면 카페나 호텔에서 한번쯤 사용할 수 있을 것입니다!

알고 넘어가기

어휘

인터넷과 관련된 어휘에 대해 알아보겠습니다.

上网 [shàngwǎng] 인터넷을 하다
路由器 [lùyóuqì] 공유기
网线 [wǎngxiàn] 랜선
网民 [wǎngmín] 네티즌
硬件 [yìngjiàn] 하드웨어
软件 [ruǎnjiàn] 소프트웨어
黑客 [hēikè] 해커
病毒 [bìngdú] 바이러스

A: 这里有无线网络吗?
Zhèli yǒu wúxiàn wǎngluò ma?

B: 有,您要使用吗?
Yǒu, nín yào shǐyòng ma?

A: 请帮我连接,好吗?
Qǐng bāng wǒ liánjiē, hǎo ma?

B: 没问题,我来帮您连接。行了吗?
Méi wèntí, wǒ lái bāng nín liánjiē. Xíng le ma?

A: 可以是可以,就是信号不稳定。
Kěyǐ shì kěyǐ, jiùshì xìnhào bù wěndìng.

B: 让我看看,请您按一下复位按钮。
Ràng wǒ kànkan, qǐng nín àn yíxià fùwèi ànniǔ.

A: 여기 무선 인터넷 있나요?
B: 네, 있습니다. 사용하실 건가요?
A: 와이파이 연결 좀 해주시겠어요?
B: 문제없습니다. 제가 연결해드릴게요, 됐나요?
A: 연결된 것 같긴 한데, 신호가 불안정하네요.
B: 제가 볼게요, 리셋 버튼을 눌러보세요.

단어 无线网络 [wúxiàn wǎngluò] 무선 와이파이 | 连接 [liánjiē] 연결하다 | 信号 [xìnhào] 신호 | 稳定 [wěndìng] 안정되다 | 复位 [fùwèi] 리셋 | 按钮 [ànniǔ] 버튼

자세히 알아보기

단어

帮忙과 帮助에 대해 알아보겠습니다.

帮忙[bāngmáng]과 **帮助**[bāngzhù]는 도움을 주다라는 의미지만 차이점이 있습니다.

帮助의 경우는 명사로도 쓰이기도 합니다.

帮忙의 가장 큰 특징은 이합동사입니다. 이합동사는 주어와 술어가 합쳐진 단어입니다. 즉, 목적어가 이미 있는 동사입니다. 목적어가 있기 때문에 목적어를 가질 수 없습니다.

我能帮助你。 Wǒ néng bāngzhù nǐ.
제가 당신을 도와드릴 수 있어요.

我能帮你的忙。 Wǒ néng bāng nǐ de máng.
제가 당신을 도와드릴 수 있어요.

쓰기 연습

这里有无线网络吗？

Zhèli yǒu wúxiàn wǎngluò ma？

여기 와이파이 되나요?

这里有无线网络吗？

지금은 나가기 귀찮아요.
我懒得出去。
Wǒ lǎn de chūqù.

그럴 때 있죠?
손가락도 까딱하고 싶지 않을 때... 멍 때리면서 아무 생각 없이 누워있고 싶을 때가 있습니다. 아무것도 하지 않으면서 푹 쉬는 것도 스트레스 해소의 한 방법입니다.

알고 넘어가기

구문

懒得 + 동작에 대해 알아보겠습니다.

> 懒得 + 동작 : ~하기 귀찮다, ~하기 싫다

懒은 게으르다의 의미인데, 懒得는 (게을러 움직이기가 싫어서) ~하기가 싫다라는 의미를 가집니다.

懒得跟你说。 Lǎn de gēn nǐ shuō.
당신과 말하기 싫습니다.

懒得吃饭。 Lǎn de chīfàn.
밥 먹기 싫습니다.

懒得洗澡。 Lǎn de xǐzǎo.
씻기 싫습니다.

* 실제 생활에서 자주 쓰이는 표현입니다.

Ⓐ : 今天你有时间吗?
Jīntiān nǐ yǒu shíjiān ma?

可以的话，跟我一起去百货商店吧?
Kěyǐ de huà, gēn wǒ yìqǐ qù bǎihuòshāngdiàn ba.

Ⓑ : 今天身体有点儿不舒服。我懒得出去。
Jīntiān shēntǐ yǒudiǎnr bù shūfu. Wǒ lǎn de chūqù.

Ⓐ : 是吗? 那你好好儿休息吧。
Shì ma? Nà nǐ hǎohāor xiūxī ba.

Ⓑ : 真是不好意思，下次一定陪你到底。
Zhēnshì bùhǎoyìsi, xiàcì yídìng péi nǐ dàodǐ.

Ⓐ : 没关系，还是身体重要。
Méiguānxi, háishi shēntǐ zhòngyào.

Ⓑ : 等我恢复了，再给你联系吧。
Děng wǒ huīfù le, zài gěi nǐ liánxì ba.

Ⓐ : 혹시 오늘 시간 되나요? 괜찮으면 저랑 백화점 갈래요?
Ⓑ : 오늘은 몸이 안 좋아서 나가기가 귀찮네요.
Ⓐ : 그래요? 그럼 푹 쉬세요.
Ⓑ : 정말 미안해요, 다음에 꼭 함께 할게요.
Ⓐ : 괜찮아요, 아무래도 건강이 중요하죠.
Ⓑ : 제가 회복되면 연락드릴게요.

 百货商店 [bǎihuòshāngdiàn] 백화점　　懒得 [lǎnde] ~하기 귀찮다　　下次 [xiàcì] 다음

자세히 알아보기

표현법

不好意思와 对不起에 대해 알아보겠습니다.

不好意思[bùhǎoyìsi]와 对不起[duìbuqǐ]는 비슷하면서도 비슷하지 않은, 다르면서도 다르지 않은 표현입니다. 对不起의 경우는 본인의 잘못을 인정하고, 사과를 하는 표현인데 반하여 不好意思는 유감이라는 해석이 더 적절해 보입니다.

문화대혁명 당시 '뚜이부치'라고 말하는 것은 곧 자신의 잘못을 인정한다는 뜻으로 받아들여졌고, 일단 잘못을 인정하면 그 다음에 뒤따르는 것이 멸시나 폭행, 심지어는 죽음까지도 이어졌기 때문에 '뚜이부치'라고 말하는 것을 피했다고 합니다.

쓰기 연습

我懒得出去。

Wǒ lǎn de chūqù.

지금은 나가기 귀찮아요.

我懒得出去。

우리 동전 던지기로 정합시다.
我们抛硬币决定吧。
Wǒmen pāo yìngbì juédìng ba.

우리는 살면서 항상 선택을 하는데요.
오늘 점심은 뭘 먹을까라는 선택부터 어떤 일을 해야할까 등에 이르기까지 우리의 삶은 항상 선택으로 시작하여 선택으로 끝나는 것 같습니다. 무엇보다 중요한 것은 후회 없는 선택을 하기 위해서는 바로 지금의 자리에서 최선을 다하는 것입니다.

알고 넘어가기

표현법

잔돈을 바꿀 때 표현에 대해 알아보겠습니다.

硬币[yìngbì] **동전**
纸币[zhǐbì] **지폐**

能不能破开? Néngbunéng pòkāi?
잔돈으로 바꿔줄 수 있나요?

你把这钱破开吧。 Nǐ bǎ zhè qián pòkāi ba.
이 돈을 잔돈으로 바꿔주세요.

我破不开。 Wǒ pòbukāi.
잔돈을 거슬러 드릴 수가 없네요.

대화문

Ⓐ : 几天没见，你变得更年轻了。
　　Jǐ tiān méi jiàn, nǐ biàn de gèng niánqīng le.

Ⓑ : 真的吗？去，今天我请你吃饭。
　　Zhēnde ma? Qù, jīntiān wǒ qǐng nǐ chīfàn.

Ⓐ : 你说什么？应该该我了。
　　Nǐ shuō shénme? Yīnggāi gāi wǒ le.

Ⓑ : 那我们抛硬币决定吧。
　　Nà wǒmen pāo yìngbì juédìng ba.

Ⓐ : 好主意！
　　Hǎo zhǔyì!

Ⓑ : 正面的人请客，反面的人掏钱。哈哈！
　　Zhèngmiàn de rén qǐngkè, fǎnmiàn de rén tāoqián. Hāhā!

Ⓐ : 오래간만입니다. 더 젊어지셨네요.
Ⓑ : 정말요? 갑시다, 오늘 제가 식사 대접할게요.
Ⓐ : 아니에요, 오늘은 당연히 제가 낼 차례지요.
Ⓑ : 그러면 우리 동전 던지기로 정해요.
Ⓐ : 좋은 생각입니다!
Ⓑ : 정면이 나온 사람이 식사 대접하고, 반대로 나온 사람이 돈 내는 걸로 해요. 하하

단어 还是 [háishi] 여전히, 변함없이 | 该 [gāi] ~의 차례이다 | 应该 [yīnggāi] 마땅히 ~해야 한다
主意 [zhǔyì] 생각, 아이디어 | 掏钱 [tāoqián] 돈 꺼내다

자세히 알아보기

표현법

正面的人请客，反面的人掏钱의 표현에 대해 알아볼게요.

중국에서 농담할 때 쓸 수 있는 표현입니다. **请客**는 **식사를 대접하다**는 의미이고, **掏钱**는 **돈을 꺼내다**라는 의미를 가집니다. 결국은 **'계산은 내가 할 테니 돈은 네가 내라'**라는 의미를 가지면서 친구 사이에서 농담으로 할 수 있는 표현입니다.

쓰기 연습

我们抛硬币决定吧。

Wǒmen pāo yìngbì juédìng ba.

우리 동전 던지기로 정합시다.

我们抛硬币决定吧。

중국 영화를 통해 배우는 영화 명대사 01

영웅본색
英雄本色

1986년 개봉한 홍콩의 액션 영화입니다. 오우삼(吳宇森)이 감독하고 적룡(狄龍), 장국영(張國榮), 주윤발(周潤發)이 주연한 영화로 홍콩누아르 액션 장르의 시발점이 되었습니다. 1997년 중국에 반환되기로 결정된 도시 홍콩의 불안을 전통 무협 영웅 서사를 통해 표현했습니다.

〈영웅본색〉의 낭만적인 갱스터 주윤발은 성냥개비를 물고 쌍권총을 든 80년대의 아이콘이 되었습니다.

암흑가에서 성장한 송자호(적룡)는 경찰의 길을 걷는 동생 아걸(장국영) 때문에 손을 씻으려 합니다. 그러나 음모에 말려 체포, 감옥에 들어가고, 친구 소마(주윤발)는 그의 복수를 하다가, 총에 맞아 한 쪽 다리를 저는 불구가 됩니다. 3년의 세월이 흘러 대만에서 출옥해 홍콩으로 와 새로운 생활을 시작한 자호는 지하 주차장에서 눈물겨운 재회를 하는데 소마는 의리를 저버리고 지금의 암흑가 보스가 된 아성으로부터 과거의 영광을 되찾자고 제안합니다. 하지만 송자호는 자신들의 시대가 끝났음을 선언하고 갱생의 길을 걷습니다.

〈영웅본색〉에서 배울 수 있는 대사를 공부해볼까요?

❶ **你相不相信有神？我就是神，能掌握自己命运的就是神。**
Nǐ xiāngbuxiāngxìn yǒu shén? Wǒ jiùshì shén, néng zhǎngwò zìjǐ mìngyùn de jiùshì shén.

신을 믿어? 내가 바로 신이야. 자기 운명을 마음대로 할 수 있는 사람이 바로 신이지.

❷ **你要是不给我面子，我也不给你面子。**
Nǐ yàoshì bù gěi wǒ miànzi, wǒ yě bù gěi nǐ miànzi.

네가 내 체면을 봐주지 않는다면 나도 네 체면을 봐줄 수가 없어.

❸ **有相信不一定会成功，没信心一定不会成功。**
Yǒu xiāngxìn bù yídìng huì chénggōng, méi xìnxīn yídìng búhuì chénggōng.

믿음만으로 꼭 성공하는 것은 아니야. 믿음이 없으면 결코 성공할 수 없어.

❹ **江湖道义现在已经不存在了。**
Jiānghú dàoyì xiànzài yǐjīng bù cúnzài le.

강호의 의리가 이미 사라졌습니다.

❺ **在道义上我们绝对尊重讲信义的朋友，**
Zài dàoyì shang wǒmen juéduì zūnzhòng jiǎng xìnyì de péngyou,

但是绝不纵容出卖朋友的人。
dànshì juébù zòngróng chūmài péngyou de rén.

우리들은 신의를 중시하는 친구를 절대적으로 존중하지만, 친구를 배신한 놈은 절대 용서할 수 없어.

단어

神[shén] 신 | **掌握**[zhǎngwò] 장악하다, 지배하다 | **存在**[cúnzài] 존재, 존재하다 | **尊重**[zūnzhòng] 존중하다 | **纵容**[zòngróng] 방임하다, 내버려 두다 | **出卖**[chūmài] 배신하다

Chapter 2

공감

소통을 하고 공감을 한다는 것은 상대를 인정하고 존중해주는 것인데, 아직은 우리 사회가 서로를 인정해주는 능력은 많이 부족한 것 같습니다. 소통이라는 것은 서로를 인정해주고 상대의 말에 귀 기울여 줄 때 되는 것입니다.

1. 咱们等等看看吧。우리 기다려 보자.
2. 趁这个机会跟他好好儿谈谈吧！이번 기회에 그와 이야기해봐요!
3. 我们很谈得来。우리는 말이 잘 통하는 사이에요.
4. 说得比唱得还好听。말만 잘해, 허풍이야.
5. 真是雪中送炭。정말 어려울 때 그 사람이 도와줬어요.
6. 不看也猜得到。안 봐도 비디오입니다.
7. 说开了，就会好受一点儿。말이라는 것은 한번 털어놓기만 하면 돼요.
8. 我终于派上用场了，真高兴！유용하게 쓰이게 되어서 저는 기뻐요!
9. 这是我的一点心意，请笑纳。이건 저의 작은 성의니 받아주세요.
10. 那也不能让你一个人掏腰包。그래도 너 혼자 돈을 내게 할 수는 없지.

우리 기다려 보자.
咱们等等看看吧。
Zánmen děngdeng kànkan ba.

누군가를 오랫동안 기다려본 적이 있나요?
상황에 따라서 '기다림'이라는 단어는 많은 생각을 하게 하는 단어입니다.
그 기다림을 즐겨보는 것은 어떨까요?

알고 넘어가기

구문

看看의 동사의 중첩에 대해 알아보겠습니다.
동사를 두 번 반복하면 문장 안에서 동사 그 자체의 의미를 나타내기도 하지만 부가적인 의미를 가지게 합니다. '동작 시간이 짧다, 동작 횟수가 적다, 시험 삼아 해 보다'라는 의미도 가지게 되며, 어기를 부드럽게 할 때 사용합니다. 또한 중첩된 두 번째 글자는 경성으로 발음을 하게 됩니다.

我们试试吧。 Wǒmen shìshi ba.
우리 한번 해봐요.

你想想吧。 Nǐ xiǎngxiang ba.
잘 생각해봐요.

A: 他最近做什么事情都越做越错。
Tā zuìjìn zuò shénme shìqíng dōu yuè zuò yuè cuò.

B: 你跟他说了吗?
Nǐ gēn tā shuō le ma?

A: 还没跟他说呢。
Hái méi gēn tā shuō ne.

B: 先不要跟他说，咱们等等看看吧。
Xiān búyào gēn tā shuō, zánmen děngdeng kànkan ba.

A: 我也觉得他可能需要一段时间来适应。
Wǒ yě juéde tā kěnéng xūyào yí duàn shíjiān lái shìyīng.

B: 我想他自己也应该知道现在的状况。
Wǒ xiǎng tā zìjǐ yě yīnggāi zhīdào xiànzài de zhuàngkuàng.

A: 그 사람은 요즘 일을 하면 할수록 실수를 하거든요.
B: 이야기는 해봤어요?
A: 아직 이야기 하지 못했어요.
B: 우선 이야기는 하지 말고, 우리 조금만 더 기다려봐요.
A: 제 생각에도 그에게는 적응할 시간이 좀 필요하다고 생각해요.
B: 제 생각에는 그도 스스로 지금의 상황을 알 거에요.

단어 越...越...[yuè...yuè...] ~하면 할수록 ~하다 | 可能[kěnéng] ~일 것이다 | 状况[zhuàngkuàng] 상황

자세히 알아보기

단어

觉得와 认为에 대해 알아보겠습니다.

觉得[juéde] **동사** ～라고 느끼다, ～라고 생각하다(느낌, 느끼는 결과를 물어볼 때)

我觉得汉语一点儿也不难。 Wǒ juéde Hànyǔ yìdiǎnr yě bù nán.
저는 중국어가 하나도 어렵지 않다고 생각합니다.

认为[rènwéi] **동사** 여기다, 생각하다(관점을 물어볼 때)

我认为很冷。 Wǒ rènwéi hěn lěng.
저는 춥다고 생각합니다.

쓰기 연습

咱们等等看看吧。

Zánmen děngdeng kànkan ba.

우리 기다려 보자.

咱们等等看看吧。

02

이번 기회에 그와 이야기 해봐요!

趁这个机会 跟他好好儿谈谈吧!

Chèn zhège jīhuì gēn tā hǎohāor tántan ba!

가끔은 서로 간에 오해가 생기고 불편해지면서 이야기를 안하게 되는 경우가 간혹 생기는데요. 사실 오해는 아주 사소한 것에서부터 시작이 되지만, 오해를 풀 수 있는 적절한 타이밍이 있는 법입니다. 오해라는 것은 시간이 지나면 지날수록 더 커지기 때문에 기회를 잘 잡아서 이야기를 해보세요.

알고 넘어가기

구문

趁[chèn]는 ~을 이용하여, ~틈 타의 의미를 가지고 있습니다.

> 趁 + (着) + 机会 / 时机 / 条件, 동사 + 기타 : 시간, 기회를 틈 타 ~을 하겠다

我想趁这个周末学习。Wǒ xiǎng chèn zhège zhōumò xuéxí.
저는 이번 주말을 이용해서 공부하고 싶어요.

趁着老师在这儿, 有问题就问吧。Chènzhe lǎoshī zài zhèr, yǒu wèntí jiù wèn ba.
선생님이 이곳에 있으니, 문제가 있으면 물어보세요.

대화문 MP3 2-02-2

대화문

Ⓐ: 真是的，我再也忍不住了。
　　Zhēnshì de,　wǒ zài yě rěnbuzhù le.

Ⓑ: 你们俩怎么了？
　　Nǐmen liǎ zěnme le?

Ⓐ: 他好像对我的误会不浅。
　　Tā hǎoxiàng duì wǒ de wùhuì bù qiǎn.

Ⓑ: 是吗？趁这个机会跟他好好儿谈谈吧！
　　Shì ma?　Chèn zhège jīhuì gēn tā hǎohāor tántan ba!

Ⓐ: 我早就想跟他解释了，不过就是不理我。
　　Wǒ zǎojiù xiǎng gēn tā jiěshì le,　búguò jiùshì bù lǐ wǒ.

Ⓑ: 看来我得出面了。你就放心吧。
　　Kànlái wǒ děi chūmiàn le.　Nǐ jiù fàngxīn ba.

Ⓐ : 에휴, 정말이지, 난 더 이상 참을 수 없어.
Ⓑ : 너희들 왜 그러는데?
Ⓐ : 그 사람이 나한테 오해가 많은 것 같아.
Ⓑ : 그래? 이번 기회에 그와 이야기해봐.
Ⓐ : 내가 그 사람이랑 몇 번 말했는데도 나를 이해하지 않네.
Ⓑ : 내가 그 사람하고 한 번 이야기 해봐야겠네. 걱정하지 마.

단어 忍不住[rěnbuzhù] 참을 수 없다　好像[hǎoxiàng] 마치 ~인 것 같다　误会[wùhuì] 오해하다
浅[qiǎn] 얕다, 깊지 않다　理[lǐ] 이해하다　出面[chūmiàn] 나서다, 얼굴을 내밀다

자세히 알아보기

단어

忍不住와 禁不住에 대해 알아보겠습니다.

忍不住[rěnbuzhù] : 참지 못하다

看到弟弟受欺负，他忍不住了。 Kàndào dìdi shòu qīfu, tā rěnbuzhù le.
동생이 남들에게 당하는 걸 보고 그는 참지를 못했습니다.

禁不住[jīnbuzhù] : 견뎌내지 못하다

看到这个感人的场面，他禁不住流泪满面。
Kàndào zhège gǎnrén de chǎngmiàn, tā jīnbuzhù liúlèi mǎnmiàn.
이 감동적인 장면을 보고 그는 참지 못하여 눈물을 흘렸습니다.
(참지 못하지만 단순히 감정적인 통제 불능입니다. 이 경우 忍不住보다는 禁不住를 쓰는 것이 더 정확한 표현입니다.)

쓰기 연습

趁这个机会跟他好好儿谈谈吧！

Chèn zhège jīhuì gēn tā hǎohāor tántan ba!

이번 기회에 그와 이야기해봐요!

趁这个机会
跟他好好儿谈谈吧！

우리는 말이 잘 통하는 사이에요.

我们很谈得来。

Wǒmen hěn tándelái.

친구나 주변에 아는 지인들과 이야기를 하다 보면 유독 말이 통하는 사람이 있는데요. 말이 잘 통하는 이유는 몇 가지가 있습니다. 상대방이 나의 이야기를 경청하고 적절한 리액션을 통해서 서로 대화를 원활하게 해주기 때문입니다. 가장 중요한 것은 상대를 존중하고 이해하는 것이 가장 최선이겠지요.

알고 넘어가기

단어

谈得来와 谈不来에 대해 알아보겠습니다.

谈得来[tándelái] : 말이 서로 통하다

我跟他很谈得来。 Wǒ gēn tā hěn tándelái.
저는 그와 말이 잘 통합니다.

谈不来[tánbulái] : 서로 의견(마음)이 잘 맞지 않는다

他们是在晚会上认识的，彼此很谈不来。
Tāmen shì zài wǎnhuì shang rènshi de, bǐcǐ hěn tánbulái.
그들은 이브닝 파티에서 알게 되었는데 서로 말이 잘 통하지 않습니다.

Ⓐ: 我给你介绍的那个人怎么样?
Wǒ gěi nǐ jièshào de nàge rén zěnmeyàng?

Ⓑ: 我们刚认识不久，不太了解。
Wǒmen gāng rènshi bù jiǔ, bútài liǎojiě.

Ⓐ: 两个人在一起，
Liǎng ge rén zài yìqǐ,

我觉得最重要的应该就是有共同语言。
wǒ juéde zuì zhòngyào de yīnggāi jiùshì yǒu gòngtóng yǔyán.

Ⓑ: 可不是嘛! 那是最重要的。
Kěbúshì ma! Nà shì zuì zhòngyào de.

Ⓐ: 那你说你们俩有没有共同语言?
Nà nǐ shuō nǐmen liǎ yǒuméiyou gòngtóng yǔyán?

Ⓑ: 我觉得我们很谈得来。
Wǒ juéde wǒmen hěn tándelái.

Ⓐ: 얼마 전에 제가 소개해준 사람 어때요?
Ⓑ: 우리가 안지 얼마 안 되어서, 아직 잘 모르겠네요.
Ⓐ: 둘이 있을 때, 제가 볼 때는 가장 중요한 것은 서로의 관심사겠지요.
Ⓑ: 당연하죠! 그게 제일 중요하죠.
Ⓐ: 서로 잘 관심사가 잘 맞아요?
Ⓑ: 제 생각에는 우리들은 잘 맞는 것 같아요.

 了解[liǎojiě] 이해하다 | 重要[zhòngyào] 중요하다 | 共同语言[gòngtóng yǔyán] 공통어, 관심사

자세히 알아보기

표현법

상대방의 말에 동의할 때 할 수 있는 표현입니다.

可不是。 Kěbúshì.
왜 아니겠어요.

那倒是。 Nà dàoshì.
그것도 그렇네요.

我觉得也是。 Wǒ juéde yěshì.
저도 그렇게 생각해요.

你说的对。 Nǐ shuō de duì.
당신 말이 맞아요.

我同意。 Wǒ tóngyì.
저는 동의합니다.

쓰기 연습

我们很谈得来。

Wǒmen hěn tándelái.

우리는 말이 잘 통하는 사이에요.

我们很谈得来。

저자 강의 MP3 ▶ 2-04-1

말만 잘해, 허풍이야.
说得比唱得还好听。

Shuō de bǐ chàng de hái hǎotīng.

말을 잘하는 것과 허풍을 떠는 것은 좀 다른 문제인데 주변에 보면 허언증이라고 할 정도로 거짓말을 습관적으로 하는 사람들을 볼 수가 있습니다. 장난같은 허세 정도야 귀엽게 봐주겠지만 말이죠.

알고 넘어가기

표현법

说得比唱得还好听은 말은 매우 잘하나 실제로 하는 행동과 말이 일치하지 않음을 뜻합니다. 풍자나 불만족의 표현을 할 때 사용할 수 있습니다.

구문

好 + 동사 : ~하기 좋다

好听[hǎotīng] 듣기 좋다
好吃[hǎochī] (음식이)맛있다
好喝[hǎohē] (음료가)맛있다
好看[hǎokàn] 보기 좋다, 이쁘다

2. 공감 57

Ⓐ : 他跟我说明天请我吃饭。
Tā gēn wǒ shuō míngtiān qǐng wǒ chīfàn.

Ⓑ : 你相信他说的话吗?
Nǐ xiāngxìn tā shuō de huà ma?

Ⓐ : 相信啊！有问题吗?
Xiāngxìn a! Yǒu wèntí ma?

Ⓑ : 他就是那种说得比唱得还好听的人。
Tā jiùshì nà zhǒng shuō de bǐ chàng de hái hǎotīng de rén.

Ⓐ : 是吗? 那也别在其他人面前乱说。
Shì ma? Nà yě bié zài qítā rén miànqián luàn shuō.

Ⓑ : 知道了。不在别人面前乱说。
Zhīdào le. Bú zài biérén miànqián luàn shuō.

Ⓐ : 그 사람이 나한테 내일 밥 산다고 하더라.
Ⓑ : 너 그 사람 말 믿어?
Ⓐ : 믿지! 문제 있어?
Ⓑ : 그 사람은 말만 하면, 허풍이야.
Ⓐ : 그래? 그래도 다른 사람 앞에서 함부로 말하지 마.
Ⓑ : 알겠어. 함부로 말하지 않을게.

단어 相信 [xiāngxìn] 믿다 | 好听 [hǎotīng] 듣기 좋다 | 面前 [miànqián] 면전, 눈 앞 | 乱说 [luànshuō] 함부로 말하다

자세히 알아보기

단어

乱이라는 단어에 대해 알아보겠습니다.

乱 : 함부로, 제멋대로

乱说 : 함부로 말하다, 제멋대로 말하다

그 앞에 別와 不要를 사용해 ~하지 말아라라는 의미를 가집니다.

不懂就不要乱说。 Bù dǒng jiù búyào luàn shuō.
이해되지 않았으면 함부로 말하지 마세요.

别说梦话了。 Bié shuō mènghuà le.
잠꼬대 같은 소리 하지 말아요.

说梦话。 Shuō mèng huà.
잠꼬대 하고 있네요.

쓰기 연습

说得比唱得还好听。

Shuō de bǐ chàng de hái hǎotīng.

말만 잘해, 허풍이야.

说得比唱得还好听。

정말 어려울 때
그 사람이 도와줬어요.

真是雪中送炭。

Zhēnshì xuězhōngsòngtàn.

참 힘들 때, 누군가의 말 한마디가 많이 도움이 되지요. 그 무엇보다 진심 어린 그 한마디가 위로가 될 때가 많습니다. 눈 오는 날씨에 숯을 보낸다는 의미로 급하게 도움이 필요해서 적절하게 물질적, 정신적 도움을 주었을 때 사용합니다.

알고 넘어가기

표현법

雪中送炭와 관련된 표현과 유래에 대해 알아보겠습니다.

雪中送炭은 눈 속에 있는 사람에게 땔감을 보내준다라는 의미로 급히 도움이 필요한 사람에게 도움을 주는 것을 의미합니다.

북송 초기에 토지 겸병을 둘러싼 귀족들의 분란이 깊어지고, 백성들의 생활은 오히려 힘들어졌습니다. 이러한 상황에서 서기 993년에는 농민 왕소파와 이순 등이 사천에서 봉기까지 일으켜 중앙의 통제력이 매우 약해진 상태였습니다. 당시 왕이었던 태종 조광의는 농민 봉기에 많은 두려움을 느껴, 그 해 겨울이 매우 추워지자 민심을 달래기 위해 가난한 백성들에게 돈과 쌀과 땔감을 보낸데서 유래했다고 합니다.

Ⓐ: 你那件事解决了吗?
Nǐ nà jiàn shì jiějué le ma?

Ⓑ: 你就别提了，我都要愁死了。
Nǐ jiù bié tí le, wǒ dōu yào chóu sǐ le.

Ⓐ: 有什么问题吗?
Yǒu shénme wèntí ma?

Ⓑ: 那里没有认识人的话，就一直给拖。
Nàli méiyou rènshi rén de huà, jiù yìzhí gěi tuō.

Ⓐ: 他们也太缺得了，你先别着急，
Tāmen yě tài quēdé le, nǐ xiān bié zháojí,

正好我远方亲戚在那里工作。
zhènghǎo wǒ yuǎnfāng qīnqī zài nàli gōngzuò.

Ⓑ: 是真的吗? 这可真是雪中送炭啊!
Shì zhēnde ma? Zhè kě zhēnshì xuězhōngsòngtàn a!

Ⓐ : 그 일은 해결됐어요?
Ⓑ : 말도 마세요, 걱정되어 죽겠어요.
Ⓐ : 문제가 있나요?
Ⓑ : 그곳에는 아는 사람이 없으면 일이 계속 지연될 것 같아요.
Ⓐ : 그들도 너무 양심이 없네요, 우선은 조급해 하지 마시고요,
     마침 먼 친척이 그곳에서 일해요.
Ⓑ : 정말요? 정말 어려울 때 도움이 되네요.

단어 认识[rènshi] 알다, 인식하다 | 拖[tuō] 끌리다, 지연되다 | 亲戚[qīnqī] 친척

자세히 알아보기

단어

认识 / 知道 / 熟悉의 단어들에 대해 알아보겠습니다.

认识[rènshi] 나는 그 사람이 어떻게 생겼는지를 알지만 그 사람은 나를 모를 수도 있으며, 서로 만난 적이 있고 서로 아는 경우일 수도 있습니다.

知道[zhīdào] 그의 이름은 들어본 적은 있지만 그 사람을 직접 만난 적은 없는 경우입니다.

熟悉[shúxī] 아주 잘 알고 익숙할 때 쓸 수 있습니다.

쓰기 연습

真是雪中送炭。

Zhēnshì xuězhōngsòngtàn.

정말 어려울 때 그 사람이 도와줬어요.

真是雪中送炭。

안 봐도 비디오입니다.
不看也猜得到。
Bú kàn yě cāidedào.

직접 보지는 않았지만 그 사람의 언행이 예상되는 때가 있습니다. 누군가로부터 이야기를 전해 듣고 예상되는 언행이 현실로 실현되었을 때 사용할 수 있는 표현입니다.

알고 넘어가기

단어

동사 + 得着 : ~할 필요가 있다(가능함을 나타낸다)

猜得到[cāidedào] : 추측할 수 있습니다.
猜不到[cāibudào] : 추측할 수 없습니다.
猜也猜不到。 Cāi yě cāibudào.
추측해도 추측할 수 없습니다.
你猜我多大? Nǐ cāi wǒ duō dà?
제 나이가 몇 인지 아시겠어요?

A: 你昨晚是什么时候回家的?
Nǐ zuówǎn shì shénme shíhou huíjiā de?

B: 大概是凌晨三点钟吧?
Dàgài shì língchén sān diǎnzhōng ba?

A: 我不看也猜得到,又去酒吧喝酒了吧?
Wǒ bú kàn yě cāidedào, yòu qù jiǔbā hējiǔ le ba?

B: 哪有,你可别污蔑我。
Nǎ yǒu, nǐ kě bié wūmiè wǒ.

A: 那你说一整夜你没去喝酒,去哪儿了?
Nà nǐ shuō yì zhěngyè nǐ méi qù hējiǔ, qù nǎr le?

B: 这次出差对我来说非常重要,
Zhècì chūchāi duì wǒ lái shuō fēicháng zhòngyào,

我在办公室整理了资料。
wǒ zài bàngōngshì zhěnglǐle zīliào.

A: 어제 저녁에 언제 집에 들어갔어요?
B: 대략 새벽 3시 정도요?
A: 안 봐도 비디오네요, 또 술 먹으러 술집에 갔죠?
B: 무슨, 날 비난하지 말아줘요.
A: 하루 종일 술 먹으러 간 것이 아니면 어디 갔어요?
B: 이번 출장이 나한테는 매우 중요해서 사무실에서 자료 정리했어요.

단어
昨晚 [zuówǎn] 어젯밤 | 污蔑 [wūmiè] 모독하다, 비방하다 | 出差 [chūchāi] 출장 가다
准备 [zhǔnbèi] 준비하다 | 资料 [zīliào] 자료

자세히 알아보기

표현법

你可别污蔑我에 대해 알아보겠습니다. 污蔑는 **모독하다, 비방하다**라는 의미를 가지고 있습니다.

你怎么可以这样污蔑我的偶像啊。 Nǐ zěnme kěyǐ zhèyàng wūmiè wǒ de ǒuxiàng a.
너는 어떻게 나의 우상을 모독하니.

쓰기 연습

不看也猜得到。
Bú kàn yě cāidedào.

안 봐도 비디오입니다.

不看也猜得到。

말이라는 것은
한번 털어 놓기만 하면 돼요.

说开了，就会好受一点儿。
Shuō kāi le, jiù huì hǎo shòu yìdiǎnr.

누구나 말 못 할 비밀이 있습니다. 꺼내지 못하는 말들은 고민에 고민을 만들어 본인을 더 힘들게 만들죠. 그럴 때, 누군가와 공감대를 형성한다면 그 고민은 반은 해결되었다고 말할 수 있습니다. 그리고 또 누군가가 나에게 말을 했을 때는 많은 시간동안 고민하고 나를 믿어주었기 때문에 말했을 겁니다. 이렇듯 말이라는 것은 한번 털어놓는 것에서 시작됩니다.

알고 넘어가기

구문

동사 + 开에 대해 알아보겠습니다.

开는 '열다'라는 의미이고, 동사 + 开 의 형식으로 쓰입니다.

说开 [shuōkāi] 사실을 모두 털어 놓다
想开 [xiǎngkāi] 생각을 넓게 가지다, 이해하게 되다
打开 [dǎkāi] (사물을)열다

대화문

A: 看起来你好象有什么问题?
Kàn qǐlái nǐ hǎoxiàng yǒu shénme wèntí?

B: 没有，就是有点儿小麻烦。
Méiyou, jiùshì yǒudiǎnr xiǎo máfan.

A: 什么事儿，快跟我说一下。
Shénme shìr, kuài gēn wǒ shuō yíxià.

B: 我被老板炒鱿鱼了，不知道怎么跟老婆交代。
Wǒ bèi lǎobǎn chǎo yóuyú le, wǒ bù zhīdào zěnme gēn lǎopo jiāodài.

A: 别犹豫，这种事儿，说开了，就会好受一点儿的。
Bié yóuyù, zhè zhǒng shìr, shuō kāi le, jiù huì hǎo shòu yìdiǎnr de.

B: 谢谢，你的安慰。
Xièxie, nǐ de ānwèi.

A: 보아하니 무슨 문제가 있는 것 같은데요.
B: 없어요, 그냥 사소한 일이에요.
A: 무슨 일인지 빨리 말해봐요.
B: 제가 회사에서 잘렸어요, 아내에게 어떻게 말해야 할지 모르겠네요.
A: 너무 망설이지 마시고 이 일은 한번 털어 놓기만 하면 돼요.
B: 위로에 감사합니다.

단어 炒鱿鱼 [chǎo yóuyú] 해고당하다, 잘리다 | 老婆 [lǎopo] 아내, 부인 | 交代 [jiāodài] 설명하다
犹豫 [yóuyù] 머뭇거리다 | 安慰 [ānwèi] 위로하다

자세히 알아보기

표현법

我被老板炒鱿鱼了에 대해 알아보겠습니다.

炒鱿鱼는 광동어에서 유래된 말로 오징어를 볶으면 돌돌 말리는데 모양이 이불보를 돌돌 말아 올리는 것 같아서 집을 떠나 노동을 하러 다니던 사람은 자신의 이불 보따리를 가지고 다녀야 했기 때문에 짐을 싸다라는 의미로 확장이 되어 '회사에서 짤리다.'라는 의미로 쓰이게 되었습니다.

쓰기 연습

说开了，就会好受一点儿。

Shuō kāi le, jiù huì hǎo shòu yìdiǎnr.

말이라는 것은 한번 털어 놓기만 하면 돼요.

说开了，
就会好受一点儿。

유용하게 쓰이게 되어서
저는 기뻐요!

我终于派上用场了，真高兴!
Wǒ zhōngyú pàishàng yòngchǎng le, zhēn gāoxìng!

누군가에게 도움을 준다는 것은 참 행복한 일입니다.
살다보면 행복이라는 것이 거창할 것 같지만, 행복은 사소한 곳에서부터 온다는 것을 조금씩 느끼고 있습니다. 예전에는 무엇을 받는 것만이 그저 행복이라고 느꼈는데 지금은 누군가에게 도움을 준다는 것과 도움이 필요한 곳이 있다는 것을 안다는 것 자체가 행복한 일이 아닐까 생각해봅니다.

알고 넘어가기

표현법

派上用场 : 도움이 되다, 유용하게 쓰이다

派는 '분배하다, 할당하다'라는 의미를 가지고 있으며, **用场**은 '용도, 사용처'라는 의미로 **派上用场** 이 같이 쓰이면 '유용하게 쓰이다'라는 의미를 나타냅니다. 上은 방향보어로 목적의 실현이나 기능을 나타내는 용법으로 쓰였습니다.

대화문 MP3 2-08-2

대화문

Ⓐ : 我正好要跟您联系呢。
　　Wǒ zhènghǎo yào gēn nín liánxì ne.

Ⓑ : 那件事情解决好了吗?
　　Nà jiàn shìqíng jiějué hǎo le ma?

Ⓐ : 托您的福都解决了，真是谢谢你了。
　　Tuō nín de fú dōu jiějué le,　zhēnshì xièxie nǐ le.

Ⓑ : 我终于派上用场了，真高兴!
　　Wǒ zhōngyú pàishàng yòngchǎng le, zhēn gāoxìng!

Ⓐ : 您这是什么话? 这次我真的很感激你。
　　Nín zhè shì shénme huà?　zhècì wǒ zhēnde hěn gǎnjī nǐ.

Ⓑ : 快别这么说，我可没把你当外人。
　　Kuài bié zhème shuō,　wǒ kě méi bǎ nǐ dàng wàirén.

Ⓐ : 제가 마침 당신에게 연락하려고 했거든요.
Ⓑ : 그 일은 잘 해결되었나요?
Ⓐ : 덕분에 정말 잘 되었어요. 정말로 감사합니다.
Ⓑ : 유용하게 쓰이게 되어서 기쁘네요!
Ⓐ : 무슨 말씀이세요? 이번에 정말 감사드려요.
Ⓑ : 그렇게 말하지 마세요, 우리는 모두 가족인데요.

단어　**正好** [zhènghǎo] 딱 맞다, 마침　│　**联系** [liánxì] 연락하다　│　**解决** [jiějué] 해결하다
　　　托福 [tuōfú] 덕을 입다, 덕분에　│　**客气** [kèqi] 겸손하다, 예의바르다

자세히 알아보기

문법

이합동사란 **동사 + 목적어**로 이루어진 이음절 동사입니다.
이합동사는 이음절 동사 사이에 조사, 보어, 수량사 등이 올 수 있습니다.
이합동사는 목적어 성분을 가지고 있어서, 따로 목적어를 취할 수 없습니다.

见面[jiànmiàn] 만나다.
我跟他见过面。 Wǒ gēn tā jiàn guò miàn.
저는 그와 만난 적이 있습니다.

睡觉[shuìjiào] 잠자다.
我想睡懒觉。 Wǒ xiǎng shuìlǎnjiào.
저는 늦잠 자고 싶습니다.

请客[qǐngkè] 대접하다.
明天我请你的客。 Míngtiān wǒ qǐng nǐ de kè.
내일은 제가 한 턱 쏠게요.

※ **托福**도 이합동사이고 이외에도 **生气, 聊天, 抽烟, 吃惊, 毕业** 등의 이합동사가 있습니다.

쓰기 연습

我终于派上用场了，真高兴!

Wǒ zhōngyú pàishàng yòngchǎng le, zhēn gāoxìng.

유용하게 쓰이게 되어서 저는 기뻐요!

我终于派上用场了，
真高兴!

09 저자 강의 MP3 2-09-1

이건 저의 작은 성의니 받아주세요.

这是我的一点儿心意，请笑纳。

Zhè shì wǒ de yìdiǎnr xīnyì, qǐng xiàonà.

지인 중에 항상 제가 어려운 부탁을 하거나 도움을 요청을 할 때 자기 일인 것처럼 많이 도와주는 사람이 있었습니다. 무언가의 대가를 바라지도 않고 자신의 일처럼 사심 없이 도와주는 그를 보면서 항상 고맙고 감사한 마음이 많이 들었습니다. 부담되지 않는 선에서 최소한의 마음을 보여주고 싶어 선물을 준비했습니다. 작은 선물이지만, 많이 고마워하고 있다는 것을 표현하고 싶었습니다. 참 고맙습니다.

알고 넘어가기

단어

意思는 여러 가지 의미가 있습니다.

你的意思怎么样? Nǐ de yìsi zěnmeyàng?
당신의 생각은 어때요?

你这话是什么意思? Nǐ zhè huà shì shénme yìsi?
이 말은 무슨 의미야?

学汉语很有意思。 Xué Hànyǔ hěn yǒu yìsi.
중국어 배우는 것은 재미있다.

Ⓐ: 怎么了？你有什么事儿吗？
Zěnme le ?　　Nǐ yǒu shénme shìr ma?

Ⓑ: 你为什么没跟我说今天是你的生日？
Nǐ wèishénme méi gēn wǒ shuō jīntiān shì nǐ de shēngrì?

Ⓐ: 不就是生日嘛，这有什么宣扬的。
Bú jiùshì shēngrì ma,　　zhè yǒu shénme xuānyáng de.

Ⓑ: 这是我的一点儿心意，请笑纳。
Zhè shì wǒ de yìdiǎnr xīnyì,　　qǐng xiàonà.

Ⓐ: 你看你，咱又不是外人，这么客气干嘛。
Nǐ kàn nǐ,　　zán yòu búshì wàirén,　　zhème kèqi gàn ma.

Ⓑ: 我最难过的时候，你一直陪在我身边！
Wǒ zuì nánguò de shíhou,　　nǐ yìzhí péi zài wǒ shēnbian!

这点小礼物算不上什么。
Zhè diǎn xiǎo lǐwù suànbushàng shénme.

Ⓐ: 왜요? 무슨 일 있어요?
Ⓑ: 왜 저한테 생일 말하지 않았어요?
Ⓐ: 생일이잖아요, 뭐 널리 알릴 일인가요.
Ⓑ: 이것은 저의 작은 성의니 받아주세요.
Ⓐ: 왜 그래요. 우리가 모르는 사이도 아니고, 왜 이렇게 격식을 차려요.
Ⓑ: 제가 힘들 때 옆에 있어줬잖아요! 이 선물은 아무것도 아니에요.

단어 宣扬[xuānyáng] 널리 알리다　　笑纳[xiàonà] 웃으며 받아주기를 바란다 (주로 선물을 줄 때)　　礼物[lǐwù] 선물
算不上[suànbushàng] ~로 칠 수 없다.

자세히 알아보기

표현법

笑纳에서 **纳**는 접수하다, 받아주다라는 의미이고, **笑**는 비웃다, 웃음거리가 되다라는 의미로 '선물이 좋지 않아 웃음거리가 되었군요.'라는 의미로 선물이 매우 약소함을 겸손하게 말하는 표현입니다. 이와 같은 표현은 실제 생활에서도 많이 사용되고 있는데 '**见笑**'도 비슷한 상황에서 사용합니다.

唱得不好让您见笑了。 Chàng de bù hǎo ràng nín jiànxiào le.
노래를 잘 못 불러 웃음거리가 되었네요(실제 노래를 못 부르는게 아니고 겸손을 나타내는 단어).

또한 **请收下**는 '받아주세요'라는 의미입니다.

쓰기 연습

这是我的一点儿心意，
Zhè shì wǒ de yìdiǎnr xīnyì,

请笑纳。
qǐng xiàonà.

이건 저의 작은 성의니 받아주세요.

这是我的一点儿心意，
请笑纳。

그래도 너 혼자 돈을 내게 할 수는 없지.

那也不能让你一个人掏腰包。

Nà yě bùnéng ràng nǐ yí ge rén tāo yāobāo.

지금이야 많이 변했지만 얼마 전까지만 해도 더치페이는 우리 정서와는 맞지 않다고 생각을 했었습니다. 여러 명이 모여도 밥을 먹고 각자 먹은 것만 계산하는 모습이 전혀 어색하게 느껴지지 않는 요즘입니다.

알고 넘어가기

단어

腰包는 허리에 차는 돈주머니를 의미합니다.
여기에서 **包**라는 단어를 풀어보면 '巳'는 신생아를 의미하는데 신생아를 허리를 굽혀서 안고 있는 모습이기 때문에 감싸다라는 의미를 가집니다.

打包[dǎbāo] 포장하다
钱包[qiánbāo] 지갑 (돈을 감싸는 것)

掏[tāo]는 꺼내다, 비용을 부담하다라는 의미를 가집니다.

대화문 MP3 2-10-2

대화문

A: 上次太谢谢你了。
Shàngcì tài xièxie nǐ le.

B: 没有，那是应该做的。
Méiyou, nà shì yīnggāi zuò de.

A: 今天你想吃什么，我请客。
Jīntiān nǐ xiǎng chī shénme, wǒ qǐngkè.

B: 那也不能让你一个人掏腰包。
Nà yě bùnéng ràng nǐ yí ge rén tāo yāobāo.

A: 不行，今天我一定请你大吃一顿。
Bù xíng, jīntiān wǒ yídìng qǐng nǐ dà chī yí dùn.

B: 好吧，那我们就去吃紫菜包饭吧。
Hǎo ba, nà wǒmen jiù qù chī zǐcàibāofàn ba.

A: 그때 정말이지 당신에게 정말 고마웠어요.
B: 아니에요, 그건 당연히 해야할 일을 한 거죠.
A: 당신이 뭐 먹고 싶은 것 드세요, 제가 살게요.
B: 그래도 당신 혼자 돈을 내게 할 수는 없지요.
A: 안돼요, 오늘은 꼭 제가 크게 식사 대접할게요.
B: 좋아요, 그럼 우리 김밥 먹으러 가요.

단어 感谢 [gǎnxiè] 감사하다 | 掏 [tāo] (손이나 도구로) 꺼내다 | 腰包 [yāobāo] 허리춤에 차는 돈주머니
紫菜包饭 [zǐcàibāofàn] 김밥

자세히 알아보기

문법

被에 대해 알아보겠습니다.

피동문을 형성할 때 쓰이는 가장 대표적인 것이 **전치사(개사)**입니다.

피동문은 주어에 가해지는 동작 행위를 나타내는 말이 술어가 되는 문장입니다. 즉, **주어가 무엇에 의해 어떤 동작을 당했다**라고 할 때 쓰이기 때문에 술어 부분이 강조됩니다.

> 주어(피해자) + 被 / 叫 / 让 + 목적어(가해자) + 동사 + 기타성분
> 주어가 무엇에 의해 어떤 동작을 당했다(동사 : 구체적인 동작, 기타성분 : 보어)

我的钱包被小偷偷走了。 Wǒ de qiánbāo bèi xiǎotōu tōu zǒu le.
저의 지갑을 도둑이 가져갔습니다.

쓰기 연습

那也不能让你一个人掏腰包。

Nà yě bùnéng ràng nǐ yí ge rén tāo yāobāo.

그래도 너 혼자 돈을 내게 할 수는 없지.

那也不能让你一个人掏腰包。

중국 영화를 통해 배우는 영화 명대사 02

첨밀밀
甜蜜蜜

1997년 개봉한 영화로 감독은 진가신(陳可辛)이고, 여명(黎明)과 장만옥(張曼玉)이 주연을 한 영화로 멜로영화입니다.

1986년 홍콩행 기차에서 소군(여명)과 이요(장만옥)의 운명적인 만남으로 시작이 됩니다. 우연히 기차 안에서 만난 그들의 공통점은 대만 최고의 가수 등려군을 좋아하고 자신들의 꿈을 위해 홍콩으로 향하고 있다는 것뿐이었습니다. 소군에게는 홍콩에서 돈을 벌면 결혼하기로 한 약혼녀가 있었고, 이요는 홍콩에서 돈을 많이 벌어 행복한 삶을 살고자하는 꿈이 있었습니다.

이요는 악착같이 돈을 모아서 장사를 하지만 실패를 하고 빚을 지게 되고, 그런 이요에게 소군은 힘이 되어주고 싶었지만 이요는 현실과 미래 속에서 갈등을 하면서 그들의 관계는 거기서 끝이 납니다. 그러나 3년이 지나고 다시 재회를 하게 되고 서로의 감정이 변하지 않음을 확인한 두 사람은 자신들의 사랑을 위해 새로운 곳으로 도피를 계획을 하지만 결국 또 다시 헤어지게 됩니다. 5년이라는 시간이 지나고 장소는 뉴욕으로 옮겨지는데 그곳의 대리점 TV 속에서 등려군의 사망 소식을 접하게 되고 그 자리에서 두 사람은 재회를 하게 됩니다. 두 사람 미소 뒤로 등려군의 음악이 흘러나오면서 영화는 그렇게 마무리가 됩니다.

〈첨밀밀〉에서 배울 수 있는 대사를 공부해볼까요?

❶ **命中注定的人，无论中间经过多少曲折，终会相遇。**
Mìngzhōngzhùdìng de rén, wúlùn zhōngjiān jīngguò duōshao qūzhé, zhōnghuì xiāngyù.

운명인 사람은 어떤 우여곡절을 겪는다고 해도 결국에는 만나게 된다.

❷ **爱情，失去和拥有只在转瞬之间。**
Àiqíng, shīqù hé yōngyǒu zhǐ zài zhuǎnshùn zhī jiān.

사랑과 상실, 그리고 소유는 눈 깜짝할 사이에 있다.

❸ **我想每天早上醒来第一眼看见的人是你。**
Wǒ xiǎng měitiān zǎoshang xǐng lái dìyī yǎn kànjiàn de rén shì nǐ.

매일 눈을 뜰 때마다 처음 보는 사람이 너였으면 좋겠어.

❹ **有些爱只能止于唇齿掩于岁月。**
Yǒuxiē ài zhǐnéng zhǐyú chúnchǐ yǎn yú suìyuè.

가끔 사랑은 세월과 가장 가까운 사이일 수밖에 없다.

❺ **你肯陪我吃苦，又逗我开心, 其实你是我在香港最好的朋友。**
Nǐ kěn péi wǒ chīkǔ, yòu dòu wǒ kāixīn, qíshí nǐ shì wǒ zài Xiānggǎng zuìhǎo de péngyou.

나랑 고생도 함께하고 나를 즐겁게 해주고 사실 넌 홍콩에서 제일 친한 친구야.

단어

命中注定[mìngzhōngzhùdìng] 운명으로 정해져 있다 | **曲折**[qūzhé] 우여곡절 | **转瞬**[zhuǎnshùn] 눈 깜짝 할 사이
唇齿[chúnchǐ] 서로 긴밀히 이해관계가 있는 사이 | **岁月**[suìyuè] 세월

Chapter 3

고민

'고민이 없는 사람은 없다.'라고 할 정도로 많은 사람들은 작은 고민에서부터 큰 고민까지 하나씩은 가지고 있을 것입니다.
만약에 누군가가 '당신의 고민은 제 고민과 비교하면 아무것도 아닙니다. 그렇기 때문에 당신은 고민을 할 필요가 없습니다.'라는 말을 한다면 그것만큼 상처주는 말은 없을 겁니다. 누군가에게는 작은 고민이지만 최소한 당사자에게는 이 세상 어느 것보다 큰 고민이기 때문입니다. 아마도 그 사람의 입장에 서서 그를 바라보지 못했기 때문에 그의 고민을 헤아리지 못한 것은 아닐까요?

1. 今天忙跑来跑去，腿都跑细了。 휴우. 오늘 너무 바빠서 진이 빠진다.

2. 每个骨节酸疼。 온 몸 마디마디가 쑤셔요.

3. 怎么办，这下彻底完蛋了。 어떡하지. 이번에 완전히 망해버렸어.

4. 你这是在取笑我吗？ 너 지금 나 놀리는 거지?

5. 你怎么那么会抓人话柄啊！ 너 어쩜 말꼬리를 그렇게 잘 잡니!

6. 不能见死不救。 나 몰라라 할 수 없네요.

7. 谁知道以后会怎么样？ 한 치 앞도 모르는데 세상일을 누가 아나요?

8. 谁也别笑谁。 놀리지 마.

9. 你什么时候能懂事？ 에휴. 너 언제 철 좀 들래?

10. 我的心也软了。 내 마음이 너무 약해지네요.

휴우, 오늘 너무 바빠서 진이 빠진다.

今天跑来跑去, 腿都跑细了。
Jīntiān pǎolái pǎoqù, tuǐ dōu pǎoxì le.

하루하루를 바쁘게 살아가다 보면 어느 순간 너무 바빠서 진이 빠질 때가 있습니다. 그래도 그럴 때일수록 건강이 최고입니다. 바쁜 일상에서 잠시 한걸음을 멈추고 숨을 돌려보는게 어떨까요?

알고 넘어가기

표현법

腿都跑细了 : 하도 달려서 다리가 얇아졌다라는 의미를 나타냅니다.
어떤 일이나 상황을 바쁘게 돌아다녀서 다리가 닳을 정도임을 나타냅니다.

我为你们的事腿都跑细了。 Wǒ wèi nǐmen de shì tuǐ dōu pǎoxì le.
저는 당신들의 일을 위해 많이 뛰어다녔습니다.

Ⓐ 你这是怎么了，气都喘不过来?
Nǐ zhè shì zěnme le, qì dōu chuǎn bú guòlái?

Ⓑ 快，快，我，我，包，包。
Kuài, kuài, wǒ, wǒ, bāo, bāo.

Ⓐ 你慢点儿说，你包怎么了?
Nǐ màn diǎnr shuō, nǐ bāo zěnme le?

Ⓑ 给，给我递一下桌子上的那包。
Gěi, gěi wǒ dì yíxià zhuōzi shàng de nà bāo.

Ⓐ 什么事儿这么忙啊?
Shénme shìr zhème máng a?

Ⓑ 都别提了，今天一整天跑来跑去，腿都跑细了。
Dōu bié tí le, jīntiān yì zhěngtiān pǎolái pǎoqù, tuǐ dōu pǎoxì le.

Ⓐ : 너 왜 그렇게 숨을 헐떡거려?
Ⓑ : 빨리, 빨리, 나, 나, 가방, 가방
Ⓐ : 천천히 말해봐, 가방이 어떻다고?
Ⓑ : 줘, 책상 위의 그 가방을 나한테 줘.
Ⓐ : 무슨 일이길래 이렇게 바빠?
Ⓑ : 말도 마, 오늘 하루 종일 너무 바빠서 진이 다 빠진다.

단어 喘[chuǎn] (숨을)헐떡거리다 | 递[dì] 넘겨주다, 건네다

자세히 알아보기

구문

동사 + 来 + 동사 + 去 : 이리저리 ~하다.

我想来想去，但是不能解决。 Wǒ xiǎnglái xiǎngqù, dànshì bùnéng jiějué.
제가 이리저리 생각해봤는데, 해결할 수 없네요.

他跑来跑去，怎么了？ Tā pǎolái pǎoqù, zěnme le?
그가 이리저리 뛰는데, 왜 그런거죠?

他找来找去，终于找到了。 Tā zhǎolái zhǎoqù, zhōngyú zhǎodào le.
그는 이리저리 찾았고, 마침내 찾았습니다.

쓰기 연습

今天跑来跑去, 腿都跑细了。

Jīntiān pǎolái pǎoqù, tuǐ dōu pǎoxì le.

휴우, 오늘 너무 바빠서 진이 빠진다.

今天跑来跑去,
腿都跑细了。

온 몸 마디마디가 쑤셔요.
每个骨节都酸疼。
Měige gǔjié dōu suānténg.

연말이 되고 월말이 되면 새로운 각오를 다지게 되는데요. 특히 다이어트를 하겠다는 결심을 가장 많이 하지 않았을까 싶네요. 일 년 내내 다이어트와의 전쟁을 하고 있다고 해도 과언이 아닐 정도입니다. 오래간만에 운동을 하고 난 다음날부터 며칠간은 온 몸 마디마디가 많이 쑤시죠. 마디마디가 쑤실수록 더 운동해야만 끝나지 않는 다이어트와의 전쟁에서 이길 수 있습니다!

알고 넘어가기

단어

질병 관련 어휘에 대해 알아보겠습니다.

感冒[gǎnmào] 감기 걸리다
心脏病[xīnzāngbìng] 심장병
关节炎[guānjiéyán] 관절염
头痛[tóutòng] 두통
腰疼[yāoténg] 요통

骨折[gǔzhé] 골절되다
扭伤[niǔshāng] 접질리다
发烧[fāshāo] 열이 나다
牙疼[yáténg] 치통
拉肚子[lā dùzi] 설사하다

대화문

Ⓐ : 很长时间没运动，全身每个骨节都酸疼。
　　Hěn cháng shíjiān méi yùndòng, quánshēn měige gǔjié dōu suānténg.

Ⓑ : 你去医院了吗？快去医院看看吧。
　　Nǐ qù yīyuàn le ma?　　Kuài qù yīyuàn kànkan ba.

Ⓐ : 最近特别忙，所以...
　　Zuìjìn tèbié máng,　　suǒyǐ...

Ⓑ : 我不是跟你说好几次了吗？病了第一时间去医院。
　　Wǒ búshì gēn nǐ shuō hǎo jǐ cì le ma?　　Bìngle dìyī shíjiān qù yīyuàn.

Ⓐ : 你看，你看，又开始唠叨了。
　　Nǐ kàn,　　nǐ kàn,　　yòu kāishǐ láodao le.

Ⓑ : 你这人，只会顶嘴。
　　Nǐ zhè rén,　　zhǐ huì dǐngzuǐ.

Ⓐ : 오랫동안 운동을 안했더니 온 몸 마디마디가 쑤셔요.
Ⓑ : 병원은 가봤어? 빨리 병원 가.
Ⓐ : 요즘 너무 바빠서...
Ⓑ : 내가 벌써 몇 번이나 말했잖아. 아프면 바로 병원 가야지.
Ⓐ : 봐요, 봐요, 또 잔소리 시작하네요.
Ⓑ : 애 봐라, 말대꾸만 잘하는구나.

단어 骨节 [gǔjié] 관절 | 酸疼 [suānténg] 시큰시큰하고 쑤시다 | 医院 [yīyuàn] 병원 | 顶嘴 [dǐngzuǐ] 말대꾸하다

자세히 알아보기

단어

遍과 次에 대해 알아보겠습니다.

遍과 次는 앞에 수사를 동반하여 동사 뒤에 놓이며, 동작의 횟수를 설명합니다.

遍은 동작의 시작부터 끝까지의 전 과정을 강조하며 내용의 중복을 나타낼 수도 있습니다. 次는 동작의 중복만 나타내며 내용과는 무관합니다.

A. 我看过三次中国电影。 Wǒ kànguo sān cì Zhōngguó diànyǐng.
B. 这个电影我看过三遍。 Zhège diànyǐng wǒ kànguo sān biàn.

A는 나는 중국 영화를 세 차례 본 경험이 있다는 의미로 여기서 **三次**는 각각 다른 세 편의 영화를 보았음을 나타낼 가능성이 높습니다.

B는 나는 이 영화를 세 번 보았다는 의미로 여기서 **三遍**은 같은 영화를 세 차례 반복해서 보았음을 의미합니다.

쓰기 연습

每个骨节都酸疼。

Měige gǔjié dōu suānténg.

온 몸 마디마디가 쑤셔요.

每个骨节都酸疼。

03 저자 강의 MP3 3-03-1

어떡하지, 이번에 완전히 망해버렸어.

怎么办，这下彻底完蛋了。

Zěnmebàn, zhè xià chèdǐ wándàn le.

살다보면 일이 꼬여 버릴 때가 생기죠. 예전에는 그런 일이 생길 때마다 부정적으로 생각을 많이 했던 것 같습니다. 그러나 시간이 지나고 많은 일을 겪다보니 '이것도 하나의 과정이구나'라는 생각을 하게 되었습니다. 눈앞에 보이는 것이 다가 아니고, 잘 극복한다면 앞으로 살아가는데 많은 도움이 되더라고요. 지금은 당장 힘들지만 가까운 미래에 한 걸음 더 나갈 수 있는 원동력이 된다고 믿습니다.

알고 넘어가기

단어

完蛋과 彻底에 대해 알아보겠습니다.

完蛋[wándàn] : 큰일났다
끝났다의 다른 표현으로 **망하다, 끝장났어**라고 표현을 할 수 있습니다.

你要是不帮我，我就完蛋了！ Nǐ yàoshì bù bāng wǒ, wǒ jiù wándàn le!
당신이 저를 도와주지 않으면, 전 망해요!

彻底[chèdǐ] : 철저히 하다, 철저히, 완전히

我已经对她彻底失望了。 Wǒ yǐjīng duì tā chèdǐ shīwàng le.
저는 이미 그녀에게 완전 실망했습니다.

Ⓐ: 你去找老板道歉了吗?
Nǐ qù zhǎo lǎobǎn dàoqiàn le ma?

Ⓑ: 去了，歉也道了。可是…
Qù le, qiàn yě dào le. Kěshì…

Ⓐ: 可是，怎么啦? 你快说啊?
Kěshì, zěnme la? Nǐ kuài shuō a?

Ⓑ: 可是，他不领情，就是不肯原谅我。
Kěshì, Tā bù lǐngqíng, jiùshì bù kěn yuánliàng wǒ.

Ⓐ: 怎么办，这下彻底完蛋了。
Zěnmebàn, zhè xià chèdǐ wándàn le.

Ⓑ: 实在不行，我就辞职不干了，北京这么大，
Shízài bù xíng, wǒ jiù cízhí bú gàn le, Běijīng zhème dà,

还怕没地方容我?
hái pà méi dìfang róng wǒ?

Ⓐ: 사장님한테 찾아가서 사과했어?
Ⓑ: 갔지, 사과했지, 그런데..
Ⓐ: 그런데, 왜? 빨리 말해봐?
Ⓑ: 그런데, 받아주지 않아, 날 용서하려고 하지 않아.
Ⓐ: 어떡하지, 이번에 완전 망했네.
Ⓑ: 더 안 되면 사직서 내고 나오지 뭐, 베이징이 이렇게 큰데 나에게 기회를 줄 곳이 없을까?

 道歉[dàoqiàn] 사과하다 | 领情[lǐngqíng] (호의를) 감사히 받다 | 辞职[cízhí] 사직하다

자세히 알아보기

단어

抱歉[bàoqiàn]과 道歉[dàoqiàn]에 대해 알아보겠습니다.
모두 '미안하다'라는 의미를 가집니다.

抱歉은 불안하고 미안한 심리상태를 주로 나타내고, 感到, 觉得등과 같은 심리활동을 나타내는 동사와 목적어로도 쓰입니다.

很抱歉，给您添麻烦了。 Hěn bàoqiàn, gěi nín tiān máfan le.
죄송합니다. 제가 번거롭게 했네요.

道歉은 남에게 잘못을 인정하고 사과하는 동작과 행위를 주로 나타냅니다.

这是我的不对，我向你道歉。 Zhè shì wǒ de bú duì, wǒ xiàng nǐ dàoqiàn.
이것은 제가 잘못 되었고, 당신에게 죄송합니다.

쓰기 연습

怎么办，这下彻底完蛋了。

Zěnmebàn, zhè xià chèdǐ wándàn le.

어떡하지, 이번에 완전히 망해버렸어.

怎么办，
这下彻底完蛋了。

너 지금 나 놀리는 거지?
你这是在取笑我吗？
Nǐ zhè shì zài qǔxiào wǒ ma?

누구나 콤플렉스 하나씩은 가지고 있는데요.
대화를 하다보면 상대방은 아무렇지도 않게 한 말에 상처를 입을 때가 있어요. 그러다 보면 오해가 오해를 낳아서 거리가 멀어지게 된 경험은 한 번씩은 있을 것 같습니다. 사실, 후에 그런 이야기를 해보면 상대방은 거의 인지를 못하는 경우가 많거든요. 괜한 오해를 사지 않으려면 서로 조심하도록 해요!

알고 넘어가기

표현법

取笑는 **놀리다**라는 의미인데 다른 표현도 알아보겠습니다.

你在耍我吗？ Nǐ zài shuǎ wǒ ma?
저 놀리고 있는 거죠?

你在开玩笑吗？ Nǐ zài kāi wánxiào ma?
농담하시는거죠?

她黑我了。 Tā hēi wǒ le.
그녀가 나를 놀렸어요.

대화문

Ⓐ: 脸变得这么白，什么时候去美白的？
Liǎn biàn de zhème bái, shénme shíhou qù měibái de?

Ⓑ: 你这是在取笑我吗？
Nǐ zhè shì zài qǔxiào wǒ ma?

Ⓐ: 我哪敢啊？不过你脸上没有一点血色，
Wǒ nǎ gǎn a? Búguò nǐ liǎn shang méiyou yìdiǎn xuèsè,

真得去医院了。
zhēn děi qù yīyuàn le.

Ⓑ: 我也知道，可是在这人生地不熟的地方，
Wǒ yě zhīdào, kěshì zài zhè rénshēngdìbùshú de dìfang,

我有些害怕。
wǒ yǒuxiē hàipà.

Ⓐ: 你怎么不早说，正好我明天有空儿，陪你去吧。
Nǐ zěnme bù zǎo shuō, zhènghǎo wǒ míngtiān yǒu kōngr, péi nǐ qù ba.

Ⓑ: 真的吗？太谢谢你了。
Zhēnde ma? Tài xièxie nǐ le.

Ⓐ: 얼굴색이 왜 이렇게 하얗지? 언제 미백한 거야?
Ⓑ: 지금 나 놀리는 거지?
Ⓐ: 내가 무슨? 그런데 얼굴에 혈색이 없어, 정말 병원가야 할 것 같아.
Ⓑ: 나도 알아. 그런데 이곳이 익숙하지가 않은 곳이라서 좀 무서워.
Ⓐ: 왜 진작 말하지 않았어, 마침 내일 시간이 되는데, 너 데리고 갈게.
Ⓑ: 정말? 진짜 고마워.

단어 血色 [xuèsè] 혈색 | 熟 [shú] 익숙하다

자세히 알아보기

단어

不过에 대해 알아보겠습니다.

❶ 강조하는 것은 앞뒤의 두 가지 상황입니다.

他身体一直不太好，不过现在好多了。 Tā shēntǐ yìzhí bútài hǎo, búguò xiànzài hǎo duō le.
그는 건강이 좋지 않았지만 지금은 좋아졌습니다.

❷ ~로 이길 수 없다, ~를 능가하지 못하다.

好吃不过妈妈做的菜。 Hǎochī búguò māma zuò de cài.
엄마가 만든 요리를 능가하지 못합니다.

❸ 매우, 몹시(형용사 뒤에 놓여 정도가 가장 높음을 나타냅니다)

你的办法在好不过了。 Nǐ de bànfǎ zài hǎo búguò le.
당신의 방법이 가장 좋습니다.

쓰기 연습

你这是在取笑我吗？

Nǐ zhè shì zài qǔxiào wǒ ma?

너 지금 나 놀리는 거지?

你这是在取笑我吗？

05

너 어쩜 말꼬리를 그렇게 잘 잡니!

你怎么那么会抓人话柄啊!

Nǐ zěnme nàme huì zhuārén huàbǐng a!

우리들은 누군가와 한 번 정도는 싸워본 적이 있었을텐데요. 사실은 싸움이 길어지다 보면 본질에서 벗어나서 왜 싸우는지도 모르고 싸울 때도 있지요. 꼭 꼬리말을 잡아 자존심을 상하게 해서 '내가 무엇을 하고 있나'라는 생각에서부터 싸움은 유치하게 나가게 되거든요. 혼잣말로 한 것이 상대방의 귀에 들어가면서 끝날 것 같았던 싸움이 시작되곤 하죠.

알고 넘어가기

표현법

抓는 **잡다**는 뜻이고, 话柄은 **화제나 이야깃거리**를 말합니다.
'抓人话柄'하면 다른 사람의 화제나 이야깃거리를 잡다 즉 '말꼬리 잡다.'는 표현이 됩니다.

这人真喜欢抓人话柄。 Zhè rén zhēn xǐhuan zhuā rén huàbǐng.
이 사람은 정말 말꼬리 잡는 것을 좋아해요.

抓人话柄他最拿手了。 Zhuā rén huàbǐng tā zuì náshǒu le.
말꼬리 잡는 건 그가 최고입니다.

대화문

Ⓐ: 刚才你说的话不对。
Gāngcái nǐ shuō de huà bú duì.

Ⓑ: 你说什么？你怎么那么会抓人话柄啊！
Nǐ shuō shénme? Nǐ zěnme nàme huì zhuārén huàbǐng a!

Ⓐ: 你不应该这么说。
Nǐ bù yīnggāi zhème shuō.

Ⓑ: 为什么不应该这么说，那我应该怎么说？
Wèishénme bù yīnggāi zhème shuō, nà wǒ yīnggāi zěnme shuō?

Ⓐ: 算了，我们不要吵架了。
Suàn le, wǒmen búyào chǎojià le.

Ⓑ: 我不是这个意思，请听我说完。
Wǒ búshì zhège yìsi, qǐng tīng wǒ shuō wán.

Ⓐ : 방금 당신이 말한 것은 맞지 않아요.
Ⓑ : 뭐라고요? 당신은 어쩜 말꼬리를 그렇게 잘 잡아요?
Ⓐ : 당신이 그렇게 말하면 안 되죠.
Ⓑ : 왜 안 되죠? 그럼 제가 어떻게 말해야 해요?
Ⓐ : 그만하죠! 우리 말싸움 하지 마요.
Ⓑ : 저는 그 의미가 아니에요. 제 말을 끝까지 들으세요.

단어 刚才[gāngcái] 방금 | 话柄[huàbǐng] 이야깃거리, 화제, 말꼬리 | 吵架[chǎojià] (말)싸움하다

자세히 알아보기

단어

打架 와 吵架 에 대해 알아보겠습니다.

每天这兄弟互相打架了。 Měitiān zhè xiōngdì hùxiāng dǎjià le.
이 형제는 매일 싸웁니다(실제로 때리면서 싸우는 것을 뜻합니다).

那夫妻常常吵架了。 Nà fūqi chángcháng chǎojià le.
저 부부는 항상 싸웁니다(말로 시끄럽게 싸웁니다).

쓰기 연습

你怎么那么会抓人话柄啊！

Nǐ zěnme nàme huì zhuārén huàbǐng a !

너 어쩜 말꼬리를 그렇게 잘 잡니?

你怎么那么会抓人话柄啊！

06 저자 강의 MP3 3-06-1

나 몰라라 할 수 없네요.
不能见死不救。
Bùnéng jiànsǐ bújiù.

누구에게나 힘든 시절이 있었고 어려움이 언젠가는 닥치게 마련인데요. 내가 가장 힘들 때 내 옆에서 힘을 주었던 사람들, 용기를 주었던 사람들이 생각이 나네요. 본인에게는 별 일 아닌 일들이 타인에게는 그 어떤 것보다 중요한 일이 될 수도 있어요. 마찬가지로 타인에게는 별 일 아닌 일들이 나에게는 매우 중요한 일이 될 수 도 있답니다. 누군가의 도움이 필요할 때 손을 내어서 그들의 손을 잡아준다면 그것만큼 의미 있는 일도 없을 것입니다.

알고 넘어가기

표현법

见死不救는 죽어가는 것을 보고도 구조하지 않다.
다른 사람이 어려운 처지에 처했거나 곤경에 처했는데도 도와주지 않는 매정함을 비유하는 표현입니다.

3. 고민　97

대화문

Ⓐ : 怎么办？这次我可能参加不了你的派对了。
Zěnmebàn? Zhècì wǒ kěnéng cānjiābùliǎo nǐ de pàiduì le.

Ⓑ : 怎么了？没有你我们哪能玩得转呢。
Zěnme le? Méiyou nǐ wǒmen nǎnéng wándezhuàn ne.

Ⓐ : 公司突然决定让我去中国出差。真的不好意思。
Gōngsī tūrán juédìng ràng wǒ qù Zhōngguó chūchāi. Zhēnde bùhǎoyìsi.

Ⓑ : 我不管，你不来，我就不开这派对了。
Wǒ bùguǎn, nǐ bù lái, wǒ jiù bù kāi zhè pàiduì le.

Ⓐ : 哎，我也不能见死不救，
Āi, wǒ yě bùnéng jiànsǐ bújiù,

我去公司看看能不能调节日期吧。
wǒ qù gōngsī kànkan néngbunéng tiáojié rìqī ba.

Ⓑ : 真的吗？你真是我的好闺蜜。
Zhēnde ma? Nǐ zhēnshì wǒ de hǎo guīmì.

Ⓐ : 어떡하지? 이번에 파티에 참석하지 못할 것 같아.
Ⓑ : 무슨 일인데? 네가 없으면 우리가 무슨 재미로 놀아.
Ⓐ : 회사에서 갑자기 중국 출장 가는 걸로 결정되어서, 정말 미안해.
Ⓑ : 너 상황이 어떻다 해도 오지 않으면 파티 열지 않을 거야.
Ⓐ : 에이, 나 몰라라 할 수 없지. 회사 가서 일정 바꿀 수 있는지 볼게.
Ⓑ : 정말? 너는 정말로 내 베스트프렌드야.

단어 参加[cānjiā] 참가하다 | 派对[pàiduì] 파티 | 玩得转[wándezhuàn] 방법이 있다 | 决定[juédìng] 결정하다
调节[tiáojié] 조정하다

자세히 알아보기

표현법

玩得转[wándezhuàn] **해결할 수 있는 방법이 있다, 대응할 수 있다.**
你确定一个人玩得转吗？ Nǐ quèdìng yí ge rén wándezhuàn ma?
당신은 혼자 해결할 수 있다고 확신해요?

行行好[xíngxínghǎo] **선심을 베풀다, 자선 행위를 하다.**
你就行行好，饶了我一次吧。 Nǐ jiù xíngxínghǎo, ráole wǒ yícì ba.
선심을 베풀어서 한번만 봐주세요.

쓰기 연습

不能见死不救。

Bùnéng jiànsǐ bújiù.

나 몰라라 할 수 없네요.

不能见死不救。

07

저자 강의 MP3 3-07-1

한 치 앞도 모르는데 세상일을 누가 아나요?

谁知道以后会怎么样？

Sheí zhīdào yǐhòu huì zěnmeyàng?

막연한 미래 일이 걱정이 되어서 잠이 안 올 때가 있었습니다. 그 시절은 꿈만 꾸었지 꿈을 위해 무엇을 어떻게 해야 할지 모르겠더라고요. 꿈만 꾸면 마치 꿈이 현실로 일어날 것 같았는데 그게 아니라는 것은 꿈을 향해 달려나갈 때야 비로소 알게 되었답니다. 꿈이라는 것은 미래가 아니고 현실에서 내가 얼마나 최선을 다하고 노력하고 있는지에 따라 꿈이 이루어지더라고요.

다가오지 않은 미래를 걱정하기보다는 바로 지금 내 자리에서 최선을 다하고 꿈을 향해 한 걸음 한 걸음 나갈 때야말로 먼 미래가 보이는 시기랍니다.

알고 넘어가기

표현법

谁知道에 대해 알아보겠습니다.

'누가 알겠어'라는 의미로 아무도 모른다라는 반어적인 표현입니다.

谁知道他来不来？ Sheí zhīdào tā láibulái?
그가 올지 안올지 누가 알겠어요?

谁知道他会成功？ Sheí zhīdào tā huì chénggōng?
그가 성공할지는 누가 알겠어요?

Ⓐ : 你最近做生意怎么样?
Nǐ zuìjìn zuò shēngyì zěnmeyàng?

Ⓑ : 还行。
Hái xíng.

Ⓐ : 还行就好，我们这里最近非常不景气。
Hái xíng jiù hǎo, wǒmen zhèli zuìjìn fēicháng bù jǐngqì.

Ⓑ : 我们这里现在还可以，可是谁知道以后会怎么样?
Wǒmen zhèli xiànzài hái kěyǐ, kěshì sheí zhīdào yǐhòu huì zěnmeyàng?

Ⓐ : 应该不会有问题的!
Yīnggāi búhuì yǒu wèntí de!

听说明年世界经济情况会好一点儿的。
Tīngshuō míngnián shìjiè jīngjì qíngkuàng huì hǎo yìdiǎnr de.

Ⓑ : 希望是那样。
Xīwàng shì nàyàng.

Ⓐ : 당신은 최근에 사업 어때요?
Ⓑ : 그런대로 괜찮아요.
Ⓐ : 그렇다니 다행이네요. 우리 쪽은 최근에 너무 안 좋아요.
Ⓑ : 이곳은 지금은 그런대로 괜찮아요. 그렇지만 이후에 어떻게 될지 누가 아나요?
Ⓐ : 아마도 문제없을 거예요. 내년은 세계경제 상황이 좋아진다고 하네요.
Ⓑ : 저도 그러길 희망합니다.

단어 生意[shēngyì] 장사, 사업 | 瞒[mán] 속이다 | 相信[xiāngxìn] 믿다

자세히 알아보기

단어

景气는 명사와 형용사로 쓰이며, (경제 상황이) 활발하다, 왕성하다라는 의미를 가지고 있으며 반대의 의미로는 **不景气**라고 표현할 수 있습니다.

여기서 주의해야 할 것이, **景气**는 경제 상태가 좋다라는 의미이기 때문에 '**景气好**'라고 표현을 해서는 안됩니다.

이와 비슷한 의미의 어휘도 익힐 필요가 있습니다.

淡季[dànjì] 비수기
旺季[wàngjì] 성수기

쓰기 연습

谁知道以后会怎么样？

Sheí zhīdào yǐhòu huì zěnmeyàng?

한 치 앞도 모르는데 세상일을 누가 아나요?

谁知道以后会怎么样？

놀리지 마.
谁也别笑谁。
Sheí yě bié xiào sheí.

주변에서 하지 말라고, 하지 말라고 그렇게 이야기해도 놀리는 사람이 있는 반면에 혹은 반대로 주변에서 별 일 아닌 것 가지고 치켜 세워주는 사람들이 있죠. 아직은 부족하다고 느끼는데 과대평가 해줄 때 쑥스럽기도 하고 마땅히 대답할 말을 찾지 못해서 놀리지 말라고 장난스럽게 얘기하게 되곤 하죠.

알고 넘어가기

구문

谁也别 + 형용사 + 谁에 대해 알아보겠습니다.

谁也别 + 형용사 + 谁 : 누구도 ~하지 않기

谁也别忘了谁。 Sheí yě bié wàngle sheí.
누구도 잊지 말기

谁也别讨厌谁。 Sheí yě bié tǎo yàn sheí.
누구도 미워하지 말기

대화문

Ⓐ: 你好像有话跟我说？
Nǐ hǎoxiàng yǒu huà gēn wǒ shuō?

Ⓑ: 也没有特别的话，只是…
Yě méiyou tèbié de huà, zhǐshì…

Ⓐ: 只是什么？别吞吞吐吐的，快说啊！
Zhǐshì shénme? Bié tūntūntǔtǔ de, kuài shuō a!

Ⓑ: 你真的很漂亮，尤其是这张娃娃脸。
Nǐ zhēnde hěn piàoliang, yóuqí shì zhè zhāng wáwáliǎn.

Ⓐ: 你也不差啊，尤其是你那海拔。
Nǐ yě bú chà a, yóuqí shì nǐ nà hǎibá.

Ⓑ: 好了，到此为止，我们谁也别笑谁了。
Hǎo le, dàocǐ wéizhǐ, wǒmen shéi yě bié xiào shéi le.

Ⓐ : 나한테 하고 싶은 말이 있는 것 같은데?
Ⓑ : 특별히 할 말이 없어, 단지…
Ⓐ : 단지 뭐? 우물쭈물하지 말고, 빨리 말해봐.
Ⓑ : 너 정말 예뻐, 거기다가 동안이고.
Ⓐ : 너도 마찬가지야, 또 키도 크고.
Ⓑ : 알았어, 여기까지, 우리 서로 놀리지 말자.

단어 特别 [tèbié] 특별하다, 특별히, 아주 | 吞吞吐吐 [tūntūntǔtǔ] 우물쭈물하다 | 到此 [dàocǐ] 여기에 이르다
为止 [wéizhǐ] ~까지 하다 | 海拔 [hǎibá] 해발, 큰 키

자세히 알아보기

단어

娃娃脸[wáwáliǎn]은 직역을 하면 인형 얼굴이라는 의미로 '동안'이라고 말할 때 쓸 수 있는 표현입니다.

어려보인다고 말할 때 쓸 수 있는 표현을 소개하겠습니다.

显得年轻多了。 Xiǎn de niánqīng duō le.
보기에 많이 젊어 보여요.

你真显小。 Nǐ zhēn xiǎn xiǎo.
당신 정말 어려 보여요.

쓰기 연습

谁也别笑谁。
Sheí yě bié xiào sheí.

놀리지 마.

谁也别笑谁。

09

저자 강의 MP3 3-09-1

에휴, 너 언제 철 좀 들래?
你什么时候能懂事？

Nǐ shénme shíhou néng dǒngshì?

나이를 한 살 한 살 먹어감에 따라 순수함이 사라지는 모습에 서글퍼질 때가 가끔 있습니다. 사회에서는 기준을 세워두고 그 기준에 도달하도록 만들지만, 사실 그 기준이라는 것도 모두 우리들이 만든 기준들입니다. 마치 기준에 도달하지 못하면 실패자 마냥 보는 시선도 있고, 항상 경쟁에서 우리는 누군가를 꼭 이겨야 사회에서 생존할 수 있다고 생각합니다. 사람들의 행동 하나하나에 의미를 부여하게 되고, 긍정적인 행동도 부정적으로 보게 되는 일이 많아졌습니다. 가끔은 철이 안 들면 좋겠다는 생각을 하면서 이 세상을 있는 그대로 보는 눈도 가졌으면 좋겠다는 생각을 해보았습니다.

알고 넘어가기

단어

懂得는 동사로 **(뜻, 방법 등을)알다, 이해하다**의 의미입니다.

看得懂[kàndedǒng]은 봐서 이해하다
看不懂[kànbudǒng]은 봐서 이해하지 못하다
听不懂[tīngbudǒng]은 듣고 이해하다
听得懂[tīngdedǒng]은 듣고 이해하지 못하다

A: 妈，我想换个手机。
Mā, wǒ xiǎng huàn ge shǒujī.

B: 怎么了？你现在的手机也刚买没多久啊？
Zěnme le? Nǐ xiànzài de shǒujī yě gāng mǎi méi duōjiǔ a?

A: 我的朋友都用智能手机，而且都是最新版的。
Wǒ de péngyou dōu yòng zhìnéngshǒujī, érqiě dōushì zuìxīnbǎn de.
我这个早就过时了。
Wǒ zhège zǎojiù guòshí le.

B: 那你说，刚买不到三个月的手机，要扔吗？
Nà nǐ shuō, gāng mǎibudào sān ge yuè de shǒujī, yào rēng ma?

A: 扔呗，那有什么大不了的。
Rēng bei, nà yǒu shénme dàbuliǎo de.

B: 你这孩子什么时候能懂事啊！
Nǐ zhè háizi shénme shíhou néng dǒngshì a!

A: 엄마, 저 핸드폰 바꾸고 싶어요.
B: 왜? 핸드폰 산지 얼마 안됐잖아.
A: 제 친구들은 모두 스마트폰 써요. 거기다가 다 최신판이고.
내 핸드폰은 유행도 지났어요.
B: 그러면, 3개월도 안 된 핸드폰 버려?
A: 버려요, 뭐 대단한 것도 아닌데.
B: 너 언제 철들래?

단어 智能手机 [zhìnéng shǒujī] 스마트폰 | 而且 [érqiě] 게다가 | 最新版 [zuìxīnbǎn] 최신판
过时 [guòshí] 유행이 지나다 | 扔 [rēng] 버리다

자세히 알아보기

단어

而且 : 게다가, ~뿐 만 아니라

병렬구조로 앞뒤로 서로 보충하거나 점층 관계에 있는 내용이 옵니다.
앞에 '不但'이나 '不仅'과 함께 쓰입니다.

不但价钱便宜，而且东西也好。 Búdàn jiàqián piányi, érqiě dōngxi yě hǎo.
가격도 쌀 뿐만 아니라, 물건도 좋습니다.

并且 : 게다가, ~뿐 만 아니라

동작이 동시에 혹은 선후로 진행될 때 쓰이는데, 뒷 문장에 쓰여 점진적 의미를 이끕니다.
并且는 두 개의 동사 혹은 동사성 문장을 연결할 수 있으나, 而且는 연결할 수 없습니다. 而且는 형용사를 연결할 수 있습니다.

他不但赞成，并且愿意帮助。 Tā búdàn zànchéng, bìngqiě yuànyì bāngzhù.
그는 찬성했을 뿐만 아니라, 게다가 도움도 원했습니다.

쓰기 연습

你什么时候能懂事？

Nǐ shénme shíhou néng dǒngshì?

에휴, 너 언제 철 좀 들래?

你什么时候能懂事？

내 마음이 너무 약해지네요.
我的心也软了。
Wǒ de xīn yě ruǎn le.

원칙이라는 것에 대해 생각을 해본 적이 있으신가요? 원칙이 만들어지기 위해서는 오랜 시간동안 꾸준히 하면 생기게 됩니다. 때로는 원칙 속에 융통성이라는 것도 필요한데 원칙과 융통성이라는 그 사이에서 많이 고민을 하게 됩니다.

알고 넘어가기

단어

软[ruǎn] 부드럽다, 연하다
软件[ruǎnjiàn] 소프트웨어
软座[ruǎnzuò] 부드럽고 편안한 좌석, (열차의) 상등석

吃软饭은 직역을 하면 부드러운 밥을 먹다라는 의미로 **남자가 여자의 재산에 의지해 살아가다, 여자에게 빌붙어 살다**라는 의미를 가집니다.

대화문

Ⓐ : 你和他和好了吗?
　　Nǐ hé tā héhǎo le ma?

Ⓑ : 是的，今天中午一起去吃了饭。
　　Shì de, jīntiān zhōngwǔ yìqǐ qù chī le fàn.

Ⓐ : 你们当时吵的那么厉害，怎么和好的?
　　Nǐmen dāngshí chǎo de nàme lìhai, zěnme héhǎo de?

Ⓑ : 从那天以后，他就一直来找我赔不是，
　　Cóng nàtiān yǐhòu, tā jiù yìzhí lái zhǎo wǒ péibúshì,
　　看他这样，我的心也软了。
　　kàn tā zhèyàng, wǒ de xīn yě ruǎn le.

Ⓐ : 你们俩啊，早知现在何必当初呢!
　　Nǐmen liǎ a, zǎozhī xiànzài hébì dāngchū ne!

Ⓑ : 我说嘛，哈哈。
　　Wǒ shuō ma, hāhā.

Ⓐ : 너 그 사람하고 잘 지내?
Ⓑ : 응, 오늘 점심 때도 같이 밥 먹었어.
Ⓐ : 너희 그때 엄청 심하게 싸웠는데 어떻게 잘 지내?
Ⓑ : 그날 이후 줄곧 나한테 사과를 했지, 그 모습을 보고 내 마음이 약해졌어.
Ⓐ : 너희 둘, 진작 지금처럼 잘 지내지!
Ⓑ : 내 말이, 하하

단어 和好 [héhǎo] 사이가 다시 좋아지다 | 赔不是 [péibúshì] 사과하다

자세히 알아보기

단어

心으로 끝나는 어휘에 대해 알아보겠습니다.

担心 [dānxīn] 걱정하다
小心 [xiǎoxīn] 조심하다
放心 [fàngxīn] 안심하다
关心 [guānxīn] 관심을 갖다

操心 [cāoxīn] 신경쓰다
开心 [kāixīn] 즐거워하다
伤心 [shāngxīn] 상심하다

쓰기 연습

我的心也软了。

Wǒ de xīn yě ruǎn le.

내 마음이 너무 약해지네요.

我的心也软了。

중국 영화를 통해 배우는 영화 명대사 03

표량마마(예쁜 엄마)
漂亮妈妈

1999년 개봉한 영화로 감독은 손주(孙周)이고, 공리(巩俐)가 주연을 한 영화입니다. 실제로 청각 장애를 가진 아이가 연기를 하였으며 장애인을 가진 부모가 아이를 키워내면서 어려움을 극복해나가는 영화입니다. 청각 장애를 가진 아이에게 말을 가르치는 장면이 많아서 초급자도 쉽게 보면서 배울 수 있는 좋은 학습 자료가 될 것입니다.

장애 아이를 가진 부모가 자식을 향한 가슴 가득한 모성애를 느낄 수 있는 영화로, 이혼 후 아이를 혼자 키워가는 과정을 통해 어려움을 극복해 가는 과정을 보여주고 있습니다.

1990년대 중국 베이징을 배경으로 한 영화로 청각 장애를 가진 아들 정대를 위해서 잘 다니던 회사를 그만두고 아이와 함께 할 수 있는 일을 찾지만 여전히 생활은 힘들기만 합니다.

너무나 힘들어서 이혼한 남편에게 도움을 요청하지만 남편마저 교통사고로 사망을 하게 됩니다. 청각 장애를 가진 아이를 일반 학교에 보내기 위해서 아이와 많은 노력도 하면서 일어나는 많은 이야기들을 들려주며 아이에게 현재 처한 상황을 이해시키면서 힘든 현실을 아이와 함께 극복해 나가는 진정한 엄마의 모성애를 느끼게 해주는 영화입니다.

〈표량마마(예쁜 엄마)〉에서 배울 수 있는 대사를 공부해볼까요?

❶ 要是谁欺负你，你就来找我。
Yàoshì sheí qīfù nǐ, nǐ jiù lái zhǎo wǒ.

만약에 누가 무시하면 바로 날 찾아와.

❷ 让他知道这个世界上的每一种声音，再晚了，
Ràng tā zhīdào zhège shìjiè shàng de měi yì zhǒng shēngyīn, zài wǎn le,

그가 이 세상의 모든 소리를 알았으면 좋겠다.

这孩子这辈子就怕真的完了。
Zhè háizi zhè bèizi jiù pà zhēnde wán le.

더 늦으면 이 아이의 인생은 정말로 다 끝날까 겁난다.

❸ 其实我心里也怕，我一直觉得郑大是自己的失败。
Qíshí wǒ xīnli yě pà, wǒ yìzhí juéde Zhèngdà shì zìjǐ de shībài.

사실 나 역시 두려웠다. 나는 줄곧 정대가 나의 실패라고 느꼈다.

❹ 我不想承认，可那天晚上，他问我了，比我强。
Wǒ bùxiǎng chéngrèn, kě nàtiān wǎnshang, tā wèn wǒ le, bǐ wǒ qiáng.

나는 인정하고 싶지 않았지만, 그날 저녁에 나에게 자기보다 강하냐고 물었다.

❺ 别愁眉苦脸的，车到山前必有路。
Bié chóuméikǔliǎn de, chē dào shān qián bì yǒu lù.

수심에 찬 표정 좀 하지 마. 어려운 일이 있어도 반드시 솟아날 구멍이 있어.

단어

欺负[qīfù] 무시하다 | 承认[chéngrèn] 인정하다 | 愁眉苦脸[chóuméikǔliǎn] 걱정과 고뇌에 쌓인 표정

Chapter 4

의견

의견은 어떤 생각에 대해 갖게 되는 나의 생각입니다. 본인의 의견을 가지고 상대에게 조언을 줄 수도 있으며, 상대로부터 어떤 방향에 대해서 의견과 조언을 받을 수 있습니다. 소통이라는 것은 서로가 의견을 주고받을 때만이 가능하고 열린 마음으로 상대가 조언을 했을 때 긍정적으로 받아들여 더 발전해 나가도록 합시다.

1. **我带一个朋友来你不会介意吧!**
 제가 친구 한 명 데리고 갈 건데 괜찮죠!
2. **一定要我说明白吗?** 그걸 꼭 말로 해야 하나요?
3. **我这么做都是为了你。** 제가 이러는 건 모두 당신을 위해서 그러는 겁니다.
4. **划清界限啊。** 선을 확실하게 긋는 것이 좋아요.
5. **只要不重蹈覆辙就好。** 똑같은 실수를 반복하면 안됩니다.
6. **不要着急,一步一步来。** 서두르지 말고 천천히 합시다.
7. **我怕你帮倒忙。** 가만있는 게 도와주는 겁니다.
8. **我说到哪儿了?** 내가 지금 어디까지 이야기했더라...
9. **真宰人!** 바가지 썼네요!
10. **你别太劳累了。** 좀 쉬엄쉬엄 하세요.

제가 친구 한 명
데리고 갈 건데 괜찮죠!

我带一个朋友来你不会介意吧！
Wǒ dài yíge péngyou lái nǐ búhuì jièyì ba!

가끔은 모임이 있을 때 혼자 가기 쑥스럽고 어색할 때가 있죠? 모임에서 간혹 다른 친구 한명이랑 같이 가도 되냐 라고 말하고 싶은데, 그럴 때는 중국어로 어떻게 해야 할까요? 여기에서 핵심이 되는 단어는 '介意'로서 '개입하다'라는 의미입니다. 간단하게 '介意吗'라고 할 때도 있습니다.

알고 넘어가기

단어

'介'라는 한자는 '끼일 개'라고 합니다.
個(개)와 통자(**通字**)로서 **人**(인)과 **八**(팔 물건(**物件**)을 나누다)의 합자(**合字**)입니다. 사람이 사이에 끼어들어 일을 처리한다고 하여 끼다를 뜻합니다. **绍介**(소개)라는 단어를 쓸 때도 쓰이는데 중국어에서는 **绍介**(소개)를 '**介绍**'를 소개라고 씁니다.

대화문 MP3 4-01-2

Ⓐ: 你知道这个月我们在哪儿聚会吗?
Nǐ zhīdào zhège yuè wǒmen zài nǎr jùhuì ma?

Ⓑ: 请稍等，地方没变，还是老地方。
Qǐng shāo děng, dìfang méi biàn, háishi lǎo dìfang.

Ⓐ: 下午三点，对吗?
Xiàwǔ sān diǎn, duì ma?

Ⓑ: 对，这次也是你一个人来吗?
Duì, zhècì yěshì nǐ yí ge rén lái ma?

Ⓐ: 我有个中国朋友也想来参加，
Wǒ yǒu ge zhōngguó péngyou yě xiǎng lái cānjiā,

我带一个朋友来你们不会介意吧！
wǒ dài yí ge péngyou lái nǐmen búhuì jièyì ba!

Ⓑ: 当然不会。
Dāngrán búhuì.

Ⓐ: 이번 달 모임 우리 어디에서 하는지 알아요?
Ⓑ: 잠깐만요, 장소는 변한 것이 없고, 예전 그대로에요.
Ⓐ: 오후 3시 맞죠?
Ⓑ: 네 맞아요, 이번에 혼자 오실 건가요?
Ⓐ: 제가 중국 친구가 오고 싶다고 하는데 제가 친구 한 명 데리고 가도 괜찮죠!
Ⓑ: 당연히 안 되죠.

단어 聚会[jùhuì] 모임　上次[shàngcì] 지난번　带[dài] 휴대하다, 지니다　介意[jièyì] 마음속에 두다, 개의하다

자세히 알아보기

단어

> A 带 B : A가 주인 입장이 되어서 B를 데리고 간다
> A 陪 B : B가 주인 입장이 되어서 A를 모시다

我带你去动物园吧。 Wǒ dài nǐ qù dòngwùyuán ba.
내가 당신을 데리고 동물원 갈게요.

我陪你去医院吧。 Wǒ péi nǐ qù yīyuàn ba.
제가 당신을 모시고 병원 갈게요.

쓰기 연습

我带一个朋友来你不会介意吧！
Wǒ dài yíge péngyou lái nǐ búhuì jièyì ba.

제가 친구 한 명 데리고 갈 건데 괜찮죠!

我带一个朋友来你不会介意吧！

그걸 꼭 말로 해야 하나요?
一定要我说明白吗？

Yídìng yào wǒ shuō míngbai ma?

때로는 말을 하지 않아도 상대의 의도를 파악해야 할 때가 있는데요.
그러나, 서로의 생각이 다르다 보니 종종 오해도 생기고 서로 불신을 하는 경우도 있습니다. 그럴수록 서로의 의견을 이야기하고 주고 받는다면 서로의 신뢰가 쌓여서 나중에는 말을 안해도 상대의 의도를 파악하고 이해하지 않을까 생각합니다.

알고 넘어가기

단어

一定要[yídìng yào] 반드시, ~ 해야 한다(다짐이나 당부를 의미합니다)

我一定要成功。 Wǒ yídìng yào chénggōng.
저는 반드시 성공해야 합니다.

我一定要努力学习。 Wǒ yídìng yào nǔlì xuéxí.
열심히 공부해야만 합니다.

我一定要考上大学。 Wǒ yídìng yào kǎoshàng dàxué.
반드시 대학에 합격해야만 합니다.

Ⓐ 昨天约你去图书馆学习的那个人，
Zuótiān yuē nǐ qù túshūguǎn xuéxí de nàge rén,

你喜欢他吗？
nǐ xǐhuan tā ma?

Ⓑ 他是我们系的学长，我们只是一起学习而已。
Tā shì wǒmen xì de xuézhǎng, wǒmen zhǐshì yìqǐ xuéxí éryǐ.

Ⓐ 男的约女人时，肯定居心叵测，你可小心啊！
Nánde yuē nǚrén shí, kěndìng jūxīnpǒcè, nǐ kě xiǎoxīn a!

Ⓑ 小心？小心什么？我们真的只是学习。
Xiǎoxīn? Xiǎoxīn shénme? Wǒmen zhēnde zhǐshì xuéxí.

Ⓐ 一定要我说明白吗？你怎么这么单纯？
Yídìng yào wǒ shuō míngbai ma? Nǐ zěnme zhème dānchún?

Ⓑ 我单纯？是你心里有鬼吧？
Wǒ dānchún? Shì nǐ xīnli yǒu guǐ ba?

Ⓐ : 어제 너랑 도서관에서 같이 공부한 그 사람 좋아하니?
Ⓑ : 그 사람은 우리 과 선배고, 우린 단지 함께 공부를 했을 뿐이야.
Ⓐ : 남자가 여자를 불러낼 땐 다른 속셈이 있는 거야. 너 조심해!
Ⓑ : 조심? 뭘 조심해? 우린 진짜 공부만 했어.
Ⓐ : 그걸 꼭 말로 해야 돼? 넌 왜 이렇게 단순하니?
Ⓑ : 내가 단순하다고? 너야말로 꿍꿍이가 있는 거 아니야?

단어 而已 [éryǐ] ~일 뿐이다 | 居心叵测 [jūxīnpǒcè] 속마음을 헤아리기 어렵다 | 单纯 [dānchún] 단순하다

자세히 알아보기

단어

같은 한자지만 다른 의미를 가진 어휘에 대해 알아보겠습니다.

중국어로 小心은 **조심하다**라는 의미를 가집니다.
小心[xiǎoxīn]을 이용해서 '조심해'라는 표현은 小心点儿[xiǎoxīn diǎnr]로 표현을 하면 됩니다.

그러면 중국어로 소심하다는 어떻게 표현을 할까요?
중국어로 소심하다는 또 다른 표현은 胆小[dǎnxiǎo] **담이 작다, 소심하다**라고 표현을 합니다.

쓰기 연습

一定要我说明白吗？

Yídìng yào wǒ shuō míngbai ma ?

그걸 꼭 말로 해야 하나요?

一定要我说明白吗？

03 저자 강의 MP3 ▶ 4-03-1

제가 이러는 건 모두 당신을 위해서 그러는 겁니다.

我这么做都是为了你。

Wǒ zhème zuò dōushì wèile nǐ.

우리들은 가끔씩 합리화를 시키기 위해서 '다 너를 위해서 그러는 거야'라고 말합니다. 어떻게 보면 맞는 말이기도 하지만 틀린 말이기도 합니다.
다른 시각으로 본다면 상대방을 통해서 본인이 만족하기 위해서 그렇게 말하는 것일 수도 있다는 생각을 해봅니다.

알고 넘어가기

단어

因为[yīnwèi]와 为了[wèile]에 대해 알아보겠습니다.

因为는 **원인을 나타내며(왜냐하면, ~이기 때문에)** 所以와 함께 쓰입니다.
앞 절은 원인이 되고, 뒷 절은 결과가 됩니다.

为了(~하기 위해)는 **목적**을 나타냅니다. 무언가를 얻고자 하는 결과의 목적입니다. 因为와 为了는 모두 뒷 절에 놓일 수 있습니다. 因为 앞에는 是를 붙이지 않아도 되지만 为了 앞에는 반드시 是를 붙여야 합니다.

대화문

A: 你觉得我们都变了吧。
Nǐ juéde wǒmen dōu biàn le ba.

B: 你为什么就不相信我呢？我也很难过。
Nǐ wèishénme jiù bù xiāngxìn wǒ ne ?　　Wǒ yě hěn nánguò.

A: 我这么做都是为了你。
Wǒ zhème zuò dōushì wèile nǐ.

B: 你总是这样说。好像都是你对。
Nǐ zǒngshì zhèyàng shuō.　　Hǎoxiàng dōushì nǐ duì.

A: 我们好像进入了倦怠期。我们都给彼此一点时间吧。
Wǒmen hǎoxiàng jìnrùle juàndàiqī.　　Wǒmen dōu gěi bǐcǐ yìdiǎn shíjiān ba.

B: 算了吧，我们还是分手吧。
Suàn le ba,　　wǒmen háishi fēnshǒu ba.

A: 너가 생각할 때 우리 모두 많이 변했지?
B: 너는 왜 계속 나를 못 믿어? 나도 힘들어.
A: 내가 이렇게 하는 건 다 너를 위해서야.
B: 넌 항상 그렇게 이야기하더라. 마치 넌 다 맞는 것처럼.
A: 아무래도 우리 권태기인 것 같네. 우리 서로 시간을 가져보자.
B: 그만두자! 우리 아무래도 헤어지는 것이 좋을 것 같아.

단어 总是[zǒngshì] 늘, 항상 | 好像[hǎoxiàng] ~인 것 같다 | 倦怠期[juàndàiqī] 권태기
分手[fēnshǒu] 이별하다, 헤어지다

자세히 알아보기

단어

还是의 다양한 의미에 대해 알아보겠습니다.

❶ (부사) 아직도, 여전히

尽管今天天气不好，他们还是去爬山。 Jǐnguǎn jīntiān tiānqì bù hǎo, tāmen háishi qù páshān.
비록 오늘 날씨가 좋지 않지만, 그들은 여전히 등산을 하러 갔습니다.

❷ (부사) ~하는 편이 좋다

天冷了，还是多穿点儿吧。 Tiān lěng le, háishi duō chuān diǎnr ba.
날이 추워지고, 아무래도 옷은 두껍게 입는 것이 좋겠습니다.

❸ (접속사) 또는, 아니면

你喜欢夏天还是冬天？ Nǐ xǐhuan xiàtiān háishi dōngtiān?
당신은 여름을 좋아하시나요 아니면 겨울을 좋아하시나요?

쓰기 연습

我这么做都是为了你。

Wǒ zhème zuò dōushì wèile nǐ.

제가 이러는 건 모두 당신을 위해서 그러는 겁니다.

我这么做
都是为了你。

선을 확실하게 긋는 것이 좋아요.

划清界限啊。

Huàqīng jièxiàn a.

때로는 입장이 명확하지 않아서 이도 저도 아닐 때가 있죠?
무슨 일이든지 명확한 자기 의견을 가지고 뚜렷한 주관으로 선을 긋는 것이 좋습니다.

알고 넘어가기

단어

划[huà]는 4성과 2성의 성조를 가지고 있습니다.

划清[huàqīng] 경계를 확실히 구분하다.
划[huà] 계획하다, 설계하다, 선이나 금을 긋다.
划不清[huàbuqīng] 확실히 구분 짓지 못하다.
划[huá] 수지가 맞다.
划不来[huábulái] 가치가 없다, 수지가 맞지 않다.

※ **동사 + 不来** : ~할 수 없음, ~해서 성공할 수 없음을 표현할 때 사용합니다.

대화문 MP3 4-04-2

A 你是不是把我当成备胎？你自己好好儿想想。
Nǐ shìbushì bǎ wǒ dàngchéng bèitāi? Nǐ zìjǐ hǎohāor xiǎngxiǎng.

B 你说什么呀？真的那么想吗？
Nǐ shuō shénme ya? Zhēnde nàme xiǎng ma?

A 我觉得你还没跟他划清界限啊。
Wǒ juéde nǐ hái méi gēn tā huàqīng jièxiàn a.

B 你这是什么话？我早就不跟他联系了。
Nǐ zhè shì shénme huà? Wǒ zǎojiù bù gēn tā liánxì le.

A 你看你，还在骗我，昨天你们一起吃饭喝咖啡，
Nǐ kàn nǐ, hái zài piàn wǒ, zuótiān nǐmen yìqǐ chīfàn hē kāfēi,
我都看见了。
wǒ dōu kànjiàn le.

B 昨天是他先联系我，说请我吃最后一顿饭的。
Zuótiān shì tā xiān liánxì wǒ, shuō qǐng wǒ chī zuìhòu yí dùn fàn de.

A : 너 어장관리 당하고 있는 거 아니야? 네가 잘 생각했으면 좋겠어.
B : 뭐라고? 정말 그렇게 생각해?
A : 내 생각에는 그 사람과 선을 확실히 긋지 않은 것 같아.
B : 무슨 말이야? 이미 연락 안하고 지내.
A : 너 말이야, 여전히 거짓말 하고 있잖아, 어제 같이 밥 먹고 커피 마시는 거 내가 다 봤어.
B : 어제는 그 사람이 먼저 연락 안하고, 나한테 마지막으로 밥 사주고 싶다고 한 거야.

단어 当成[dàngchéng] ~으로 삼다, ~으로 여기다 | 备胎[bèitāi] 스페어로 가지고 다니는 타이어, 보험용 이성친구
划清[huáqīng] 분명하게 구분하다 | 界限[jièxiàn] 경계

자세히 알아보기

표현법

备胎[bèitāi]는 임시로 가지고 다니는 스페어 타이어를 의미합니다.
우리가 흔히 보험용 애인이라는 말을 농담으로 하기도 하는데, 결국은 남 주기는 싫고 내가 가지고 싶은 그런 감정을 의미합니다.
어장관리라는 의미로도 쓰입니다.

쓰기 연습

划清界限啊。

Huàqīng jièxiàn a.

선을 확실하게 긋는 것이 좋아요.

划清界限啊。

05 저자 강의 MP3 4-05-1

똑같은 실수를 반복하면 안됩니다.

只要不重蹈覆辙就好。

Zhǐyào bù chóngdǎofùzhé jiù hǎo.

사회생활을 하다보면 가장 싫어하는 행동이 똑같은 실수를 반복하는 것이라고 하는데요. 실수를 하고나면 왜 했는지 스스로 뒤돌아보는 시간을 가져야 다음부터 실수를 줄일 수가 있답니다.
그러나 중국어를 공부함에 있어서 가장 중요한 것은 실수를 많이 해야 표현을 기억할 수 있답니다. 같은 실수를 반복하더라도 끈기를 가지고 노력을 한다면 자신도 모르게 머리가 기억하여 자연스럽게 표현할 수 있답니다.

알고 넘어가기

표현법

重蹈覆辙은 수레가 뒤집힌 적이 있는 옛 길을 다시 가다, 똑같은 잘못을 저지르다라는 의미입니다.

我不会重蹈覆辙。 Wǒ búhuì chóngdǎofùzhé.
저는 잘못된 과거를 반복하지 않을겁니다.

구문

> 只要 A 就 B : A 하기만 하면 B 할 수 있다

A라는 최소한의 조건만 주어지면, B라는 결과가 나타납니다.

只要我们有梦想，就一定能够实现。 Zhǐyào wǒmen yǒu mèngxiǎng, jiù yídìng nénggòu shíxiàn.
꿈이 있으면, 반드시 실현할 수 있습니다.

대화문

A: 你工作时要集中精神。
Nǐ gōngzuò shí yào jízhōng jīngshén.

B: 你有没有搞错？我哪里分神啦？
Nǐ yǒuméiyou gǎocuò? Wǒ nǎlǐ fēnshén la?

A: 别生气，我是怕又发生上次那样的事故。
Bié shēngqì, wǒ shì pà yòu fāshēng shàngcì nàyàng de shìgù.

只要不重蹈覆辙就好。
Zhǐyào bù chóngdǎofùzhé jiù hǎo.

B: 我也知道，可是你的语气太重了。
Wǒ yě zhīdào, kěshì nǐ de yǔqì tài zhòng le.

A: 真是不好意思，我这人就这样，嗓门大。
Zhēnshì bùhǎoyìsi, wǒ zhèrén jiù zhèyàng, sǎngmén dà.

A: 일할 때는 집중을 합시다.
B: 오해하는 거 아니에요? 제가 언제 집중을 안했다고요?
A: 화내지 말고 나는 또 저번처럼 그런 사고를 낼까 걱정된 거지. 똑같은 실수를 반복하면 안 돼.
B: 저도 알긴 아는데요, 근데 말투가 좀 강해서요.
A: 정말 미안하네, 내가 원래 그런 사람이잖아, 목소리가 크잖아.

단어 集中[jízhōng] 집중하다 | 精神[jīngshén] 정신 | 搞错[gǎocuò] 잘못하다, 실수하다
嗓门[sǎngmén] 목청, 목소리

자세히 알아보기

표현법

搞错는 앞에 '**有没有**'를 붙여서 '**有没有搞错**'의 형식으로 많이 사용합니다. 이 표현은 나는 분명 아닌 걸로 알고 있는데 상대가 무엇인가를 오해가 있을 때 사용할 수 있습니다. 말하는 사람이 상대방이 분명 무언가 착각하고 있거나 잘못 알고 있다는 것을 확신하는 뉘앙스가 담겨져 있습니다.

来不及는 생각할 겨를이 없다. 제시간에 댈 수 없다라는 의미를 가집니다.

现在就会去还来得及。 Xiànzài jiù huì qù hái láidejí.
지금 가면 늦지 않아요.

我现在跟她说对不起, 你看还来不及吗？ Wǒ xiànzài gēn tā shuō duìbuqǐ, nǐ kàn hái laibují ma？
저는 지금 그녀에게 죄송하다고 말했는데, 아직 늦지 않았지요?

쓰기 연습

只要不重蹈覆辙就好。

Zhǐyào bù chóngdǎofùzhé jiù hǎo.

똑같은 실수를 반복하면 안됩니다.

只要不重蹈覆辙就好。

서두르지 말고 천천히 합시다.

不要着急，一步一步来。

Búyào zháojí, yíbù yíbù lái.

급하게 일을 하며 일처리를 빨리 할 수 있겠지만 실수를 하는 경우가 많습니다. 그래서 우리는 그런 과정과 결과 속에서 혼란을 겪기도 하는데요. 비록 결과가 좋지 않더라도 과정을 통해서 많은 경험과 노하우를 배웠다면 긴 시각으로 본다면 좋은 일이라고 생각합니다. 우리는 참으로 변화가 빠른 사회에 살고 있는 것 같습니다.

알고 넘어가기

표현법

不要着急는 서두르지 말라는 의미인데, **别着急**로 바꿔서 표현할 수 있습니다.
一步一步来는 천천히 하자는 의미를 가집니다.
이와 비슷한 의미로 **慢慢来吧**[Mànmàn lái ba]로도 쓰입니다.

悠着点儿。 Yōuzhe diǎnr.
천천히 해요, 적당히 해요.

대화문 MP3 4-06-2

Ⓐ: 你干嘛呀？这么急？
　　Nǐ gàn ma ya? Zhème jí?

Ⓑ: 我得赶紧做完它。
　　Wǒ děi gǎnjǐn zuò wán tā.

Ⓐ: 不要着急，一步一步来。
　　Búyào zháojí, yíbù yíbù lái.

Ⓑ: 不急，我能不急吗？
　　Bù jí, wǒ néng bù jí ma?

Ⓐ: 你需要我帮忙吗？
　　Nǐ xūyào wǒ bāngmáng ma?

Ⓑ: 谢谢，不用了，我自己来吧。你去忙你的吧。
　　Xièxie, búyòng le, wǒ zìjǐ lái ba. Nǐ qù máng nǐ de ba.

Ⓐ: 무슨 일 있어요? 왜 그렇게 서두르세요?
Ⓑ: 제가 오늘까지 빨리 완성해야 하거든요.
Ⓐ: 서두르지 마세요, 차근차근 하세요.
Ⓑ: 서두르지 말라고요? 내가 안 서두를 수 있겠어요?
Ⓐ: 제 도움이 좀 필요하시나요?
Ⓑ: 감사해요, 괜찮아요, 제가 할게요. 당신 일 보세요.

단어 赶快[gǎnkuài] 다급하게, 재빨리 | 需要[xūyào] 필요하다, 요구하다 | 帮忙[bāngmáng] 돕다

자세히 알아보기

표현법

你去忙你的吧은 당신 일 보세요라는 의미를 가집니다.

당신 일 보세요라는 말은 딱딱하게 쓰이는 것이 아니고, 누군가가 나를 도와준다고 했을 때 완곡하게 거절을 하면서 표현을 할 수 있는 것입니다. 아래도 같은 의미로 쓰입니다.

你忙你的吧。 = 忙你的。
Nǐ máng nǐ de ba.　Máng nǐ de.

쓰기 연습

不要着急，一步一步来。
Búyào zháojí, yíbù yíbù lái.

서두르지 말고 천천히 합시다.

不要着急，
一步一步来。

07

저자 강의 MP3 4-07-1

가만있는 게 도와주는 겁니다.
我怕你帮倒忙。
Wǒ pà nǐ bāngdàománg.

'가만 있는게 도와 주는거야.'라고 들어보신 적 혹은 말해보신 적 있나요? 나름 열심히 한다고 도와주지만 오히려 일이 두 배로 늘어나는 경우가 있습니다. 의도는 좋았지만 오히려 방해를 하는 경우입니다. 잘하려고 한 것들 때문에 종종 오해를 사기도 하는데요. 때로는 가만있는 것이 도움이 되는 경우도 있답니다.

알고 넘어가기

단어

倒에 대해 알아보겠습니다.

❶ 倒[dǎo] 동사 (사람, 사물이 바로 서 있는 것이) 넘어지다, 자빠지다
风把树刮倒了。 Fēng bǎ shù guā dǎo le.
바람이 불어서 나무가 넘어졌습니다.

❷ 倒[dào] 동사 (상하, 전후의 위치가) 거꾸로 되다, 뒤집히다
这几本书次序放倒了。 Zhè jǐ běn shū cìxù fàngdào le.
이 책의 순서가 거꾸로 되었습니다.

❸ 倒[dào] 부사 오히려, 도리어
倒找钱。 Dào zhǎo qián.
오히려 돈을 찾았습니다.

❹ 倒[dào] 동사 따르다, 붓다
倒一杯茶。 Dào yì bēi chá.
차 한 잔을 따랐습니다.

Ⓐ: 你一个人这么辛苦，我来帮你，
Nǐ yí ge rén zhème xīnkǔ, wǒ lái bāng nǐ,

这顿饭我们一起做吧。
zhè dùn fàn wǒmen yìqǐ zuò ba.

Ⓑ: 不用，我怕你帮倒忙。
Búyòng, wǒ pà nǐ bāngdǎománg.

Ⓐ: 你说什么？我做菜做得很好。
Nǐ shuō shénme ? Wǒ zuòcài zuò de hěn hǎo.

Ⓑ: 别见怪，我是跟你开玩笑的，
Bié jiànguài, wǒ shì gēn nǐ kāiwánxiào de,

我自己来吧，你去坐一会儿吧。
wǒ zìjǐ lái ba, nǐ qù zuò yíhuìr ba.

Ⓐ: 你自己真的可以吗?
Nǐ zìjǐ zhēnde kěyǐ ma?

Ⓑ: 没问题。你就等着吃大餐吧。
Méi wèntí. Nǐ jiù děngzhe chī dàcān ba.

Ⓐ : 혼자 왜 이렇게 바빠, 내가 도와줄게 밥 같이 합시다.
Ⓑ : 됐어요! 가만있는 게 도와주는 거예요.
Ⓐ : 뭐라고? 나 그래도 요리 잘해.
Ⓑ : 기분 나빠하지 말아요, 농담이에요, 제가 할게요. 좀 앉아 있어요.
Ⓐ : 혼자서 정말 괜찮아요?
Ⓑ : 문제없어요. 저기 기다리다가 식사해요.

단어 做饭[zuòfàn] 밥을 하다 | 怕[pà] 두렵다, ~할까 봐 | 见怪[jiànguài] 탓하다, 나무라다

자세히 알아보기

단어

怕 다음에 걱정되는 일, 앞으로 벌어질 수 있는 일에 대해서 표현을 하고, ~할까 봐라는 의미가 있습니다. 단순히 두렵다라는 의미도 있습니다.

我怕你不喜欢我。 Wǒ pà nǐ bù xǐhuan wǒ.
저는 당신이 저를 좋아하지 않을까 두렵습니다.

这个孩子谁都不怕，就怕他的老师。 Zhège háizi shéi dōu bú pà, jiù pà tā de lǎoshī.
이 아이는 누구도 두려하지 않지만, 그의 선생님을 두려워합니다.

害怕[hàipà]는 어려움이나 위기를 만났을 때 마음속으로 두려워하는 상태를 나타내는 심리동사입니다.

他害怕晚上一个人走路。 Tā hàipà wǎnshang yí ge rén zǒulù.
그는 저녁에 혼자 걸어가는 것을 두려워 합니다.

恐怕[kǒngpà]는 부사이며 어떤 사물, 상황, 상태의 예측, 추측을 나타냅니다.(大概, 也许의 의미도 있습니다)

쓰기 연습

我怕你帮倒忙。

Wǒ pà nǐ bāngdàománg.

가만있는 게 도와주는 겁니다.

我怕你帮倒忙。

08 내가 지금 어디까지 이야기했더라...

我说到哪儿了?

Wǒ shuōdào nǎr le?

친구들과 이야기 하다가 갑자기 이야기가 샛길로 빠진 적이 많죠? 그래서 정작 해야 할 이야기들을 많이 못해서 아쉬웠던 적이 한 번쯤은 있을 겁니다. 이번은 친구들끼리 무슨 이야기를 하다가 '어디까지 이야기했더라....'라고 서로 되묻는 상황을 기억하시고 시작해보죠.

알고 넘어가기

구문

동사 + 到 : ~까지 동사하다

我们学到哪儿? Wǒmen xuédào nǎr?
우리 어디까지 공부했지요?

我发到哪儿? Wǒ fādào nǎr?
내가 어디까지 보냈지요?

我们看到哪儿? Wǒmen kàndào nǎr?
우리 어디까지 봤지요?

4. 의견 137

대화문

Ⓐ: 我昨天看了一部电影。有时间你也去看看吧。
Wǒ zuótiān kànle yí bù diànyǐng. Yǒu shíjiān nǐ yě qù kànkan ba.

特有意思。
Tè yǒu yìsi.

Ⓑ: 看了什么片子?
Kànle shénme piànzi?

Ⓐ: 是恐怖片,非常惊险。
Shì kǒngbùpiàn, fēicháng jīngxiǎn.

Ⓑ: (电话铃) 喂,您好! 我现在不方便接电话。
(diànhuà líng) Wéi, nín hǎo! Wǒ xiànzài bù fāngbiàn jiē diànhuà.

你继续说说。
Nǐ jìxù shuōshuo.

Ⓐ: 我说到哪儿了?
Wǒ shuōdào nǎr le?

Ⓑ: 你看了恐怖片。是跟男朋友一起看的吗?
Nǐ kànle kǒngbùpiàn. Shì gēn nánpéngyou yìqǐ kàn de ma?

Ⓐ: 어제 영화 봤는데, 너도 시간되면 그 영화 꼭 봐, 정말 재미있어.
Ⓑ: 무슨 영화 봤어?
Ⓐ: 공포영화 봤는데 스릴 있었어.
Ⓑ: (전화벨) 여보세요, 죄송한데 지금 전화받기가 불편해요. 계속 이야기 해봐.
Ⓐ: 내가 어디까지 이야기했지?
Ⓑ: 공포 영화를 봤다고 했어. 남자친구랑 본 거야?

단어 电影 [diànyǐng] 영화 | 恐怖片 [kǒngbùpiàn] 공포 영화 | 惊险 [jīngxiǎn] 아슬아슬하다, 스릴이 있다 | 方便 [fāngbiàn] 편리하다

자세히 알아보기

단어

영화 장르 어휘에 대해 익혀보겠습니다.

动画片[dònghuàpiàn] 만화 영화
浪漫喜剧片[làngmàn xǐjùpiàn] 로맨틱 코미디
冒险片[màoxiǎnpiàn] 어드벤처 영화
惊险片[jīngxiǎnpiàn] 스릴러 영화
动作片[dòngzuòpiàn] 액션 영화
武打片[wǔdǎpiàn] 무술 영화
战争片[zhànzhēngpiàn] 전쟁 영화
好莱坞大片[hǎoláiwùdàpiàn] 할리우드 영화

쓰기 연습

我说到哪儿了？

Wǒ shuōdào nǎr le？

내가 지금 어디까지 이야기했더라...

我说到哪儿了？

09

저자 강의 MP3 4-09-1

바가지 썼네요!

真宰人！

Zhēn zǎirén !

중국에는 모조품 시장이 많이 있습니다.
부르는 금액 절반의 돈을 주고 샀다고 좋아하는 사람들이 있는데 반값으로 산 것은 바가지 썼을 가능성이 높답니다. 보통은 부르는 금액의 1/10 정도를 말을 해야 협상을 잘했다고 할 수 있습니다.

알고 넘어가기

단어

宰人는 폭리를 취하다, 바가지를 씌우다라는 의미입니다.
실제의 가격보다 부풀려 부당한 이익을 얻는 것을 의미합니다.
중국여행 시 모조품을 파는 곳을 가면 실제로 부르는 것보다 더 많이 깎아야 합니다. 실제로 깎았음에도 불구하고, 같은 물건을 다른 사람보다 두 배로 사놓고는 깎았다고 좋아했던 사람들을 많이 봤습니다.

대화문

Ⓐ: 这个是在哪里买的?
　　Zhège shì zài nǎlǐ mǎi de?

Ⓑ: 我是在山寨买的。你看怎么样?
　　Wǒ shì zài shānzhài mǎi le.　　Nǐ kàn zěnmeyàng?

Ⓐ: 你是多少钱买的?
　　Nǐ shì duōshao qián mǎi de?

Ⓑ: 三百块钱。便宜吧?
　　Sān bǎi kuài qián.　　Piányi ba?

Ⓐ: 真宰人！跟你一样的东西，我买了八百块钱。
　　Zhēn zǎirén!　　Gēn nǐ yíyàng de dōngxi,　　wǒ mǎile bā bǎi kuài qián.

Ⓑ: 是吗? 你是在哪里买的?
　　Shì ma?　　Nǐ shì zài nǎlǐ mǎi de?

Ⓐ : 이 물건 어디에서 샀어?
Ⓑ : 짝퉁시장에서 샀어. 어때?
Ⓐ : 얼마에 샀어?
Ⓑ : 300원에 샀어. 싸게 샀지?
Ⓐ : 바가지 썼다! 너랑 같은 거 나는 800원에 샀어.
Ⓑ : 그래? 넌 어디에서 산건데?

단어 山寨 [shānzhài] 모조품, 가짜

자세히 알아보기

표현법

짝퉁시장은 山寨[shānzhài]라고 표현합니다. 山寨(산짜이)의 유래에 대해 알아보겠습니다.

山寨는 원래 울타리가 쳐진 산간마을입니다. 곧 산적들이 머무는 소굴이라는 뜻입니다. 최근 의미가 확장되면서 강한 모방성과 신속성을 갖춘 저렴한 생산체계를 뜻하는 말로 쓰이고 있습니다. 이후 중국인들은 정부의 관리를 받지 않는다는 의미로 산짜이라는 용어를 사용했습니다.

최근에는 전자산업이 발달한 중국의 광동 지역에서 생산된 모조품 휴대전화를 산짜이 휴대전화라고 부른데서 유래해 '중국산 모조품'을 뜻하는 말로 통용되기에 이르렀습니다. 나아가 모조품에 따른 사회·경제·문화적 현상 전체를 가리키기도 합니다.

쓰기 연습

真宰人！

Zhēn zǎirén！

바가지 썼네요!

真宰人！

좀 쉬엄쉬엄 하세요.

你别太劳累了。

Nǐ bié tài láolèi le.

'일 중독'이라는 단어, 아마 한번쯤은 들어봤을 거예요. 그런데 정작 일 중독인 그들에게 직접 물어보면 자신이 일 중독인 것을 모르는 사람들이 많습니다. 그들의 대부분을 보면 자신이 하는 일을 즐기는 사람이라서 본인이 일 중독이라고 느끼지 못하는 것 같습니다. 분명 일 중독과 일을 즐기는 것은 다릅니다.

알고 넘어가기

단어

劳累은 지치다, 피로하다라는 의미입니다.

'너무 지치게 하지 마세요.'라는 의미는 결국은 쉬엄쉬엄하라는 말로도 의미가 통할 수 있습니다.

Ⓐ: 昨天也加班，今天也加班，天天加班啊。
　　Zuótiān yě jiābān, jīntiān yě jiābān, tiāntiān jiābān a.
　（自言自语）
　　(zìyánzìyǔ)

Ⓑ: 你真辛苦，下班时给我打电话吧，我来接你。
　　Nǐ zhēn xīnkǔ, xiàbān shí gěi wǒ dǎ diànhuà ba, wǒ lái jiē nǐ.

Ⓐ: 你就别等那电话了，今天可能得熬夜。
　　Nǐ jiù bié děng nà diànhuà le, jīntiān kěnéng děi áoyè.

Ⓑ: 你们公司怎么那么多事儿啊，这样身体能挺住吗？
　　Nǐmen gōngsī zěnme nàme duō shìr a, zhèyàng shēntǐ néng tǐngzhù ma?
　你别太劳累了。
　　Nǐ bié tài láolèi le.

Ⓐ: 没办法啊，谁让我是公司的重要人物呢。
　　Méi bànfǎ a, sheí ràng wǒ shì gōngsī de zhòngyào rénwù ne.

Ⓑ: 你还有心情开玩笑啊？哈哈！
　　Nǐ háiyǒu xīnqíng kāiwánxiào a? Hāhā!

Ⓐ : 어제도 야근하고, 오늘도 야근하고, 매일 야근이네. (중얼거리며)
Ⓑ : 고생이 많네. 퇴근할 때 나한테 전화해, 마중 나갈게.
Ⓐ : 전화 기다리지 마, 오늘도 아마도 밤샐 것 같아.
Ⓑ : 너희 회사는 왜 그렇게 일이 많아? 그렇게 하면 어디 몸이 성하겠어? 좀 쉬엄쉬엄 해.
Ⓐ : 방법이 없지, 누가 날 회사에서 얼마나 중요하다고 알겠어.
Ⓑ : 넌 여전히 농담하니? 하하

단어 加班 [jiābān] 야근하다 | 熬夜 [áoyè] 밤새다 | 挺住 [tǐngzhù] 견디어내다, 버티다

자세히 알아보기

단어

通宵, 开夜车, 熬夜 모두 밤을 새다라는 의미를 가집니다.

通宵[tōngxiāo] 동사 와 명사 로 밤을 새워 무엇을 하다
开夜车[kāi yè chē] 밤을 새워 일하거나 공부하다
熬夜[áoyè] 동사 로 밤을 새워 무엇을 하다
夜猫子[yè māozi] 올빼미, 밤을 새는 사람

쓰기 연습

你别太劳累了。

Nǐ bié tài láolèi le.

좀 쉬엄쉬엄 하세요.

你别太劳累了。

중국 영화를 통해 배우는 영화 명대사 04

그 시절, 우리가 좋아했던 소녀
那些年, 我们一起追的女孩

2012년 개봉한 영화로 감독은 구파도(九把刀)와 가진동(柯震東)과 천옌시(陳妍希)가 주연으로 한 영화입니다. 〈그 시절, 우리가 좋아했던 소녀〉는 대만에서 〈나의 소녀시대〉, 〈말할 수 없는 비밀〉과 함께 3대 영화라고 불리는 영화중의 하나입니다.

모범생이면서 얼굴도 예쁜 여주인공 션지아이를 5명의 친구들이 좋아합니다. 6년간 같은 반이었던 사고뭉치인 커징텅은 션지아이를 좋아하지만 졸업을 하고 크리스마스 날 만나지만 서로의 마음을 확인하지 못한 채 헤어지게 됩니다. 사실은 고등학교 졸업식 때 션지아이는 친구에게 귓속말을 하는데, 그 말은 바로 커징텅이 자신에게 고백을 하면 좋을 것 같다고 했던 것이었습니다.
그러면서 화면은 션지아이의 결혼식으로 자연스럽게 옮겨집니다.

〈그 시절, 우리가 좋아했던 소녀〉에서 배울 수 있는 대사를 공부해볼까요?

❶ 原来，当你真的非常非常喜欢一个女孩，
Yuánlái, dāng nǐ zhēnde fēicháng fēicháng xǐhuan yí ge nǚhái,

当她有人疼有人爱，你会真心真意的祝福她，永远幸福快乐。
dāng tā yǒu rén téng yǒu rén ài, nǐ huì zhēnxīn zhēnyì de zhùfú tā, yǒngyuǎn xìngfú kuàilè.

원래 네가 정말 정말 좋아하는 여자라면 누군가 그녀를 아끼고 사랑해주면 너는 진심을 다해서 그녀를 축복해주면 돼. 영원히 행복하길 진심으로 빌어주면 돼.

❷ 常常听到人家说啊，恋爱最美好的时候，就是暧昧的时候。
Chángcháng tīngdào rénjiā shuō a, liànài zuì měihǎo de shíhou, jiùshì àimèi de shíhou.

사람들은 종종 사랑은 알듯 말듯 한 모호한 순간이 가장 아름답다고 하거든.

❸ 等到真正在一起了，很多感觉都会消失不见，
Děngdào zhēnzhèng zài yìqǐ le, hěn duō gǎnjué dōu huì xiāoshī bújiàn,

정말로 함께하기를 기대하면 진짜 둘이 하나가 되고 나면 많은 느낌이 사라지고 없대.

所以我就想干脆就让你再追我久一点。
suǒyǐ wǒ jiù xiǎng gāncuì jiù ràng nǐ zài zhuī wǒ jiǔ yìdiǎn.

그래서 난 네가 오래도록 날 좋아하게 두고 싶었어.

❹ 如果柯景腾跟我告白的话，我会很高兴的。
Rúguǒ Kējǐngténg gēn wǒ gàobái de huà, wǒ huì hěn gāoxìng de.

만약에 커징텅이 나한테 고백해준다면 난 정말 기분 좋을 것 같아.

단어

消失[xiāoshī] 사라지다 | 干脆[gāncuì] 명쾌하다, 시원스럽다 | 瞧不起[qiáobuqǐ] 무시하다

부탁

사회생활을 하다보면 누군가에게 부탁을 받기도 하고, 누군가에게 부탁을 할 때도 있습니다. 상황에 따라 부탁이라는 의미가 다를 수 있습니다. 조심스러운 부탁도 즐거운 부탁도 상황에 맞게 해보아요.

1. 请帮我看一下手相吧。손금 한 번 봐주세요.
2. 有可能会改变，但绝对不能放弃。
   바뀔 수는 있지만 절대 포기하지 마세요.
3. 请再给我一点时间。저에게 시간을 주세요.
4. 我能冒昧地问一句吗？외람된 질문 하나 할게요.
5. 我一直有个问题想问你。줄곧 너에게 물어보고 싶은 것이 있었어.
6. 打勾勾，这是我们俩的秘密。약속해요, 우리 비밀 말하지 말아 주세요.
7. 你就别老板着脸了。그렇게 무뚝뚝한 표정 하지 말아요.
8. 你别指手画脚了。이래라 저래라 간섭 하지 말아주세요.
9. 你不要说话不算话。한 입으로 두 말 하지 마.
10. 请听我说完。사람 말은 끝까지 들어주세요.

손금 한 번 봐주세요.

请帮我看一下手相吧。

Qǐng bāng wǒ kàn yíxià shǒuxiàng ba.

손금을 본 적이 있나요? 한 때 손금을 보면서 생명선과 재물 운에 대해서 말하는 것이 인기가 있던 적이 있었는데요. 손금처럼 정해진 운명을 알려고 하는 것보단 결국 운명은 스스로 만들어 나가는 것이니까 얼마나 꿈을 향해 노력을 하는 것이 더 중요한 듯 합니다.

알고 넘어가기

단어

相面[xiàngmiàn] 관상을 보다
给人相面。Gěi rén xiàngmiàn.
사람에게 관상을 봐주다.

运势[yùnshì] 운세
我想看看新年运势。Wǒ xiǎng kànkan xīnnián yùnshì.
저는 신년 운세를 보고 싶어요.

A: 听说你看手相很厉害。请帮我看一下手相吧。
Tīngshuō nǐ kàn shǒuxiàng zhēn lìhai. Qǐng bāng wǒ kàn yíxià shǒuxiàng ba.

B: 谁说的？我对手相不是精通，只是有点儿兴趣罢了。
Sheí shuō de? Wǒ duì shǒuxiàng búshì jīngtōng, zhǐshì yǒudiǎnr xìngqù bà le.

A: 别那么谦虚，快给我看看吧。
Bié nàme qiānxū, kuài gěi wǒ kànkan ba.

B: 来，伸出你的右手。
Lái, shēn chū nǐ de yòushǒu.

A: 我右手上周刚做手术，左手可不可以？
Wǒ yòushǒu shàngzhōu gāng zuò shǒushù, zuǒshǒu kěbukěyǐ?

B: 无所谓，给你看是看，但你也不要太当真。
Wúsuǒwèi, gěi nǐ kàn shì kàn, dàn nǐ yě búyào tài dàngzhēn.

A: 손금을 그렇게 잘 보신다면서요. 제 손금 한번 봐주세요.
B: 누가 그래요? 손금을 보는데 전문적이지 않아요. 단지 제가 좋아서 하는 것뿐이에요.
A: 너무 겸손해 하지 마세요. 빨리 봐주세요.
B: 자, 오른손을 쥐 보세요.
A: 지난주에 오른쪽 손을 수술해서 왼손을 봐주셔도 될까요?
B: 괜찮아요. 보긴 보는데 손금 그렇게 맞지는 않아요.

단어 精通[jīngtōng] 정통하다 | 兴趣[xìngqù] 흥미 | 保证[bǎozhèng] 보증하다

자세히 알아보기

단어

但是[dànshì] : 전환을 나타내며, 어떤 일이나 상황이 예측이나 상식과 상반됨을 강조합니다. 但是가 강조하는 것은 뒷부분입니다.

他虽然个子小，但是力气却很大。 Tā suīrán gèzi xiǎo, dànshì lìqì què hěn dà.
그는 비록 키는 작지만, 힘은 오히려 셉니다.

只是[zhǐshì] : 경미한 전환, 부차적인 상황을 이용해 약간의 보충 설명합니다. 只是가 강조하는 것은 앞부분입니다.

这件衣服大小，样式都合适，只是贵了一点。
Zhè jiàn yīfu dàxiǎo, yàngshì dōu héshì, zhǐshì guì le yìdiǎn.
이 옷의 사이즈, 디자인 모두 맞아요. 그런데 좀 비싸요.

쓰기 연습

请帮我看一下手相吧。

Qǐng bāng wǒ kàn yíxià shǒuxiàng ba.

손금 한 번 봐주세요.

请帮我看一下手相吧。

바뀔 수는 있지만
절대 포기하지 마세요.

有可能会改变,
但绝对不能放弃。

Yǒu kěnéng huì gǎibiàn, dàn juéduì bùnéng fàngqì.

'누구나 할 수 있는 일을 꾸준히 하는 사람은 없다.'라는 말은 중간에 포기하지 않고, 꾸준함을 의미하는 말입니다. 지금 당장은 눈에 보이지는 않지만 매일매일 꾸준히 한다면 우리의 꿈이 보이지 않을까 생각해봅니다.

알고 넘어가기

단어

可能[kěnéng]은 그럴 가능성이 있고, 가능성을 제시하는 것을 의미합니다.
내일 시간이 있냐고 물어볼 때, '아마 시간이 있을 거야'라고 표현을 할 때 '**可能有时间**[kěnéng yǒu shíjiān]'이라고 표현합니다.

绝对[juéduì]은 정말, 반드시, 분명히라는 의미를 가집니다.
绝对는 대부분 **别, 不要**와 함께 쓰이며, 부정문에 같이 쓰입니다.
부정부사 앞에 쓰이면 절대로, 결코라는 의미를 가집니다.

Ⓐ: 我知道你很辛苦，可是你一定要坚持下去。
Wǒ zhīdào nǐ hěn xīnkǔ, kěshì nǐ yídìng yào jiānchí xiàqù.

Ⓑ: 说实话，有时侯真的想放弃了。
Shuō shíhuà, yǒu shíhou zhēnde xiǎng fàngqì le.

Ⓐ: 人生的目标有可能会改变，但绝对不能放弃。
Rénshēng de mùbiāo yǒu kěnéng huì gǎibiàn, dàn juéduì bùnéng fàngqì.

Ⓑ: 说起来容易，做起来难啊。
Shuō qǐlái róngyì, zuò qǐlái nán a.

Ⓐ: 只要不放弃就会有好机会。
Zhǐyào bú fàngqì jiù huì yǒu hǎo jīhuì.

Ⓑ: 真的太谢谢你了，每次都给我勇气，给我加油。
Zhēnde tài xièxie nǐ le, měicì dōu gěi wǒ yǒngqì, gěi wǒ jiāyóu.

Ⓐ : 지금 고생하는 거 알고 있어, 그렇지만 계속 이겨내야 돼.
Ⓑ : 솔직히 말하면, 때로는 포기하고 싶을 때도 있어.
Ⓐ : 인생의 목표는 바뀔 수가 있지만 절대 포기하지 마.
Ⓑ : 말이야 쉽지 하는 게 어려우니까 말이지.
Ⓐ : 포기만 하지 않으면 좋은 기회가 있을 거야.
Ⓑ : 매번 용기와 응원해줘서 정말 고마워.

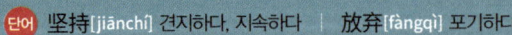

坚持 [jiānchí] 견지하다, 지속하다 | 放弃 [fàngqì] 포기하다

자세히 알아보기

단어

维持[wéichí] : 동사로 유지하다라는 의미입니다.
생활이나 생명, 질서 등 현재의 상황을 더 이상 악화시키지 않고 유지하는 것으로 保持보다는 가벼운 의미입니다.
~生活/ ~生命/ ~秩序/ ~局面

坚持[jiānchí] : 동사로 고수하다, 유지하다라는 의미입니다.
어려운 상황이나 조건에도 불구하고 자신의 주장이나 신념, 태도, 습관 등을 변함없이 지켜나가는 의미. 保持보다 무거운 어감을 줍니다.
~原则/ ~观点/ ~路线/ ~学习/ ~锻炼

保持[bǎochí] : 동사로 유지하다라는 의미입니다.
원래 좋았던 상태를 계속해서 유지하는 것입니다.
~安静/~健康/~友好关系

쓰기 연습

有可能会改变,
Yǒu kěnéng huì gǎibiàn,

但绝对不能放弃。
dàn juéduì bùnéng fàngqì.

바뀔 수는 있지만 절대 포기하지 마세요.

有可能会改变,
但绝对不能放弃。

저에게 시간을 주세요.
请再给我一点时间。
Qǐng zài gěi wǒ yìdiǎn shíjiān.

누군가에게 제안을 받고 고민을 할 때 우리는 이것저것 따져보게 됩니다. 무슨 일이든지 무언가를 얻기 위해서는 무언가를 버려야 하는 상황이 닥치기도 하죠. 그렇기 때문에 좋은 조건이라고 해도 무조건 좋다라고만 말할 수 없기도 합니다. 그때 조심스럽게 생각할 시간을 달라고 해 봅니다.

알고 넘어가기

단어

时间은 시간이라는 의미입니다. 시작점과 종착점까지의 일정한 시간을 가지고 있을 때 사용합니다.

您有沒有時間？ Nín yǒuméiyou shíjiān?
당신 시간 있어요?

現在時间是三点五十分。 Xiànzài shíjiān shì sān diǎn wǔshí fēn.
현재 시각은 3시 50분입니다.

时候은 ~할 때라는 의미, 시간 속의 어떤 지점을 표시하는 것입니다.

現在正是時候。 Xiànzài zhèngshì shíhou.
지금이 딱 좋은 때입니다.

你什么時候回來了？ Nǐ shénme shíhou huílái le?
당신 언제 돌아왔어요?

대화문 MP3 5-03-2

Ⓐ: 你的脸色很不好，哪儿不舒服吗?
　　Nǐ de liǎnsè hěn bù hǎo, nǎr bù shūfu ma?

Ⓑ: 没有，就是忙了点儿。
　　Méiyou, jiùshì máng le diǎnr.

Ⓐ: 我昨天跟你说过的事决定了吗?
　　Wǒ zuótiān gēn nǐ shuōguo de shì juédìng le ma?

Ⓑ: 请再给我一点时间。
　　Qǐng zài gěi wǒ yìdiǎn shíjiān.

Ⓐ: 好吧，你好好儿考虑一下。
　　Hǎo ba, nǐ hǎohāor kǎolǜ yíxià.

Ⓑ: 到明天一定给你一个满意的答复。
　　Dào míngtiān yídìng gěi nǐ yí ge mǎnyì de dáfù.

Ⓐ : 보아하니 안색이 안 좋아 보이는데, 어디가 불편하세요?
Ⓑ : 아니요, 그건 아닌데 근데 좀 바빴네요.
Ⓐ : 제가 어제 당신하고 말한 것 결정했어요?
Ⓑ : 죄송한데 저에게 시간을 좀 주세요.
Ⓐ : 잘 알겠습니다. 잘 생각해주시고요.
Ⓑ : 내일까지 만족스러운 답을 드릴게요.

단어 舒服[shūfu] 편하다 | 决定[juédìng] 결정하다 | 考虑[kǎolǜ] 고려하다 | 满意[mǎnyì] 만족하다 | 答复[dáfù] 답변

자세히 알아보기

구문

동사 + 过 : 동사한 적이 있다.

过가 동사 뒤에 붙어서 과거의 경험을 의미합니다.

你吃过中国菜吗？ Nǐ chīguo Zhōngguó cài ma?
중국요리 먹어본 적이 있나요?

你看过他吗？ Nǐ kànguo tā ma?
당신은 그를 본 적이 있나요?

쓰기 연습

请再给我一点时间。

Qǐng gěi wǒ yìdiǎn shíjiān.

저에게 시간을 주세요.

请再给我一点时间。

외람된 질문 하나 할게요.
我能冒昧地问一句吗?
Wǒ néng màomèi de wèn yí jù ma?

가끔은 누군가에게 쉽지 않은 질문을 할 때가 있는데요.
처음 만나는 자리에서 너무나 사적인 질문을 하는 것은 서로에게 불편한 자리가 될 수 있습니다. 아무 생각 없이 한 말에 상대는 상처를 입히기도 하기 때문에 항상 말을 할 때는 조심을 해야 하고, 꼭 해야 할 질문이 있다면 조심스럽게 하는 것은 어떨까요?

알고 넘어가기

표현법

질문을 할 때 표현법에 대해 알아보겠습니다.

请问[qǐngwèn] 묻겠습니다. 질문드릴게요.
劳驾[láojià] 죄송합니다. 실례합니다.
打扰一下[dǎrǎo yíxià] 실례합니다.
打听一下[dǎtīng yíxià] 물어보겠습니다.

5. 무박　159

A : 我能冒昧地问一句吗？
Wǒ néng màomèi de wèn yí jù ma?

B : 你随便问吧。
Nín suíbiàn wèn ba.

A : 您今年多大岁数了？
Nín jīnnián duō dà suìshù le?

B : 我今年七十七了。
Wǒ jīnnián qīshíqī le.

A : 真的吗？看上去一点都不像。
Zhēnde ma? Kàn shàngqù yìdiǎn dōu bú xiàng.

B : 当然是真的了，我还能骗你不成。
Dāngrán shì zhēnde le, wǒ hái néng piàn nǐ bù chéng.

A : 제가 외람된 질문 좀 해도 될까요.
B : 편하게 물어보세요.
A : 올해 연세가 어떻게 되세요?
B : 올해 딱 77세가 되었습니다.
A : 정말요? 전혀 그렇게 안 보이세요.
B : 당연히 정말이죠, 제가 왜 거짓말을 하겠어요.

 冒昧 [màomèi] 주제넘다, 외람되다 | 随便 [suíbiàn] 마음대로, 편한 대로

자세히 알아보기

표현법

나이를 물어보는 표현법에 대해 알아보겠습니다.

你几岁？ Nǐ jǐ suì?
너는 몇 살이니? (10살 미만인 아이에게)

你多大？ Nǐ duō dà?
당신은 나이가 어떻게 되나요? (비슷하거나 동년배에게)

您多大年纪了？ Nín duō dà niánjì le?
당신은 연세가 어떻게 되십니까? (어른에게)

쓰기 연습

我能冒昧地问一句吗?

Wǒ néng màomèi de wèn yí jù ma?

외람된 질문 하나 할게요.

我能冒昧地问一句吗?

05 저자 강의 MP3 ▶ 5-05-1

줄곧 너에게 물어보고 싶은 것이 있었어.

我一直有个问题想问你。
Wǒ yìzhí yǒu ge wèntí xiǎng wèn nǐ.

남녀가 서로를 알아가는 사이를 우리는 '썸을 타다'라고 하는데요. 썸을 타는 그 시간은 서로에 대해 궁금한 것도 많지만 조심스러워서 묻지 못할 때가 많습니다. 그래서 말 한마디 한마디에 더 신경쓰게 되고, 그 사람은 날 왜 좋아할까? 날 더 좋아할까? 등, 궁금한 것이 너무 많죠. 서로에 대해 알아갈 때가 제일 두근거리는 것 같아요.

알고 넘어가기

단어

一直에 대해 알아보도록 하겠습니다.

一直는 어떤 동작이나 상태가 한 번 출현하면 어떤 시간 내에서 지속적이고 변화가 없음을 나타냅니다. 줄곧이라는 의미를 가집니다.

大雨一直下了三天。 Dàyǔ yìzhí xiàle sān tiān.
큰비가 줄곧 3일 동안 내렸다.

一直는 쭉, 곧장이라는 의미를 나타냅니다.

一直往前走，就到了。 Yìzhí wǎng qián zǒu, jiù dào le.
곧장 앞으로 가면 바로 도착합니다.

Ⓐ: 我一直有个问题想问你。
Wǒ yìzhí yǒu ge wèntí xiǎng wèn nǐ.

Ⓑ: 什么事儿? 你随便问吧。
Shénme shìr?　　Nǐ suíbiàn wèn ba.

Ⓐ: 你说，我们是相爱的关系呢?
Nǐ shuō,　　wǒmen shì xiāng' ài de guānxi ne?

还是要好的朋友关系呢?
Háishi yào hǎo de péngyou guānxi ne?

Ⓑ: 突然间你为什么这么问呢? 现在的我们不是很好吗?
Tūránjiān nǐ wèishénme zhème wèn ne?　　Xiànzài de wǒmen búshì hěn hǎo ma?

Ⓐ: 我觉得我们的关系很暧昧。
Wǒ juéde wǒmen de guānxi hěn àimèi.

Ⓑ: 这个用得着分清吗?
Zhè ge yòngdezháo fēnqīng ma?

Ⓐ : 줄곧 당신에게 물어보고 싶은 것이 있었어.
Ⓑ : 무슨 일인데? 편하게 물어봐.
Ⓐ : 우리 사이가 연인 사이야? 아니면 친구 사이야?
Ⓑ : 갑자기 왜 이런 걸 물어? 우리 지금 좋지 않아?
Ⓐ : 내 생각에는 우리 사이가 애매한 것 같아서.
Ⓑ : 이런 것을 나눌 필요가 있을까?

단어 突然间 [tūránjiān] 별안간, 갑자기　　分清 [fēnqīng] 분명히 하다

자세히 알아보기

단어

随便[suíbiàn]은 **마음대로**라는 의미입니다.
뭐 할까? 뭐 먹을래? 어디 갈래? 라고 물을 때 상대방의 의사에 맡긴다는 의미로 쓸 수 있는 표현입니다.

无所谓[wúsuǒwèi]는 **상관없다**라는 의미입니다.
어떤 일에 대해 의견을 물어 볼 때 자신은 상관없다, 개의치 않다라는 의미를 가집니다.

쓰기 연습

我一直有个问题想问你。

Wǒ yìzhí yǒu ge wèntí xiǎng wèn nǐ.

줄곧 너에게 물어보고 싶은 것이 있었어.

我一直有个问题想问你。

약속해요, 우리 비밀 말하지 말아주세요.

打勾勾，这是我们俩的秘密。

Dǎ gōugou, zhè shì wǒmen liǎ de mìmì.

누군가에게 말하지 못하는 비밀이 하나는 있지 않나요? 말하지 못하는 이유는 다양하겠지만 사실 안다고 해서 좋을 것이 없기 때문에 비밀로 하는 경우가 많이 있을텐데요. 그러나 때로는 믿을만한 사람에게 비밀 이야기를 했는데 모든 사람들이 알아버렸을 때는 인간관계에 대해 회의를 느끼기도 합니다.

알고 넘어가기

단어

打勾勾에 대해 알아보겠습니다.
손가락 약속을 할 때 쓸 수 있는 표현입니다. 즉, 어떤 상황에 대해 지켜준다고 할 때 하는 것을 의미합니다.

약속이지만 표현이 다른 것들도 있는데요.
约[yuē]는 '약속'이라는 의미인데 다양한 표현을 소개하겠습니다.

我有约。 Wǒ yǒu yuē.
저는 약속이 있습니다.

我们约个时间吧。 Wǒmen yuē ge shíjiān ba.
우리 약속 시간 정해요.

Ⓐ 你跟她是谈恋爱了吗？你怎么没跟我说啊？
Nǐ gēn tā tánliàn' ài le ma?　　　Nǐ zěnme méi gēn wǒ shuō a?

Ⓑ 你是怎么知道的？
Nǐ shì zěnme zhīdào de?

Ⓐ 这还能不知道？你们俩天天在一起。谁追谁的？
Zhè hái néng bù zhīdào?　　Nǐmen liǎ tiāntiān zài yìqǐ.　　Sheí zhuī sheí de?

Ⓑ 我们还没有公开的打算。所以我们打勾勾，
Wǒmen hái méiyou gōngkāi de dǎsuan.　　Suǒyǐ wǒmen dǎ gōugou,

这是我们俩的秘密。
zhè shì wǒmen liǎ de mìmì.

Ⓐ 好，我保证！
Hǎo,　　wǒ bǎozhèng!

Ⓑ 君子一言驷马难追，女子一言，可是八马难追啊！
Jūnzǐ yì yán sìmǎnánzhuī,　　　nǚzi yì yán,　　kě shì bāmǎnánzhuī a!

Ⓐ : 너 그 사람하고 연애를 하고 있지? 왜 말 안했어?
Ⓑ : 너 어떻게 알았어?
Ⓐ : 어떻게 모를 수 있어? 매일 같이 있고 누가 쫓아다닌 거야?
Ⓑ : 우리 아직 공개할 계획이 없어, 약속해 우리 비밀 지키기로.
Ⓐ : 좋아, 그 약속 내가 당연히 지키지.
Ⓑ : 약속했다, 꼭 지켜야 한다.

단어 追[zhuī] 뒤쫓다, 따라가다 | 秘密[mìmì] 비밀 | 保证[bǎozhèng] 보증하다

자세히 알아보기

단어

保证는 보증하다라는 의미이지만, 약속할게라고 의역을 할 수 있습니다. 누군가가 약속을 지켜줄 수 있는지에 대한 질문에 대한 답변입니다.

打勾勾의 다른 표현으로는 **拉钩**[lāgōu] 약속하다라는 의미를 가집니다. 여기에서 **拉**는 잡아당기다라는 의미를 가지며, 문에 미세요/당기세요라는 말의 당기세요에 해당하는 표현입니다. **推**[tuī]는 미세요라는 의미입니다.

쓰기 연습

打勾勾,
Dǎ gōugou,

这是我们俩的秘密。
zhè shì wǒmen liǎ de mìmì.

약속해요, 우리 비밀 말하지 말아주세요.

打勾勾,
这是我们俩的秘密。

그렇게 무뚝뚝한 표정 하지 말아요.

你就别老板着脸了。

Nǐ jiù bié lǎo bǎnzhe liǎn le.

마음과는 달리 무뚝뚝한 표정을 할 때가 있습니다. 그런 이유로 마음 속 진심과는 달리 오해를 받게 되는 경우도 종종 있는데요. 표현을 한다는 것이 참으로 어려운 것 같아요. 상대방에게 보여지는 표정 연습도 연습이 필요한 듯 합니다.

알고 넘어가기

표현법

板脸의 의미는 <u>무뚝뚝한 표정을 짓다, 굳은 얼굴을 하다</u>라는 의미를 가집니다.
板着脸이라는 표현으로 굳은 표정을 하고 있는 상태를 의미합니다. 다른 표현으로 아래와 같이 쓰일 수 있습니다.

A: 他说过得非常好。
Tā shuō guò de fēicháng hǎo.

B: 是吗？那就好。
Shì ma? Nà jiù hǎo.

A: 平常老说想儿子，回答怎么这样！
Píngcháng lǎo shuō xiǎng érzi, huídá zěnme zhèyàng!

B: 你别唠叨呀，我们赶紧吃饭吧。
Nǐ bié láodao ya, wǒmen gǎnjǐn chīfàn ba.

A: 你就别老板着脸了。
Nǐ jiù bié lǎo bǎnzhe liǎn le.

B: 吃饭的时候，不要唠叨。
Chīfàn de shíhou, búyào láodao.

A: 우리 아들이 아주 잘 지낸다고 하네.
B: 그래요? 그럼 된거죠.
A: 평소에 늘 아들이 보고싶다고 하면서, 대답이 왜 그래!
B: 잔소리 그만하고 빨리 밥 먹어요.
A: 제발 그렇게 무뚝뚝한 표정하지 말아.
B: 밥 먹을 때는 잔소리 하지 말아요.

단어 平常[píngcháng] 평소에　儿子[érzi] 아들　回答[huídá] 대답하다　唠叨[láodao] 잔소리하다
赶紧[gǎnjǐn] 서둘러, 재빨리

자세히 알아보기

단어

赶紧[gǎnjǐn] 동작을 하는 사람이 결정할 수 있습니다. 미래, 과거에 모두 쓸 수 있습니다.

听到爸爸来了，他赶紧跑过去开门。 Tīngdào bàba lái le, tā gǎnjǐn pǎo guòqù kāimén.
아빠가 돌아오신다는 말을 듣고, 그는 재빨리 문을 열고 뛰어갔다.

马上[mǎshàng] 동작을 내가 주도적으로 결정할 수 있을 때, 그렇지 않을 때 모두 쓸 수 있습니다. 미래, 과거에 모두 쓸 수 있습니다.

请你马上到我办公室。 Qǐng nǐ mǎshàng dào wǒ bàngōngshì.
당신은 빨리 제 사무실로 오세요.

쓰기 연습

你就别老板着脸了。
Nǐ jiù bié lǎo bǎnzhe liǎn le.

그렇게 무뚝뚝한 표정 하지 말아요.

你就别老板着脸了。

08

저자 강의 MP3 5-08-1

이래라 저래라 간섭하지 말아주세요.

你别指手画脚了。

Nǐ bié zhǐshǒuhuàjiǎo le.

하는 일에 대해 누군가로부터 간섭을 받는다는 것은 불편하면서도 부담스러운 일입니다. 그러니 본인 스스로도 간섭을 하고 있는 사람으로 행동을 하고 있는 것은 아닌지 생각해봐야겠습니다.

알고 넘어가기

표현법

指手画脚는 사전적 의미로 '손짓 몸짓하면서 말하다', '삿대질하며 방자하게 말하다', '무책임하게 함부로 이러쿵저러쿵하다' 등입니다. 누군가를 존중하지 않으며 함부로 말하는 것을 의미합니다.

6. 부탁 171

Ⓐ: 你的汉字写得太难看了吧。
Nǐ de hànzì xiě de tài nánkàn le ba.

Ⓑ: 我的作业，不用你操心。
Wǒ de zuòyè, búyòng nǐ cāoxīn.

Ⓐ: 你不听别人的意见是不会进步的。
Nǐ bù tīng biérén de yìjiàn shì búhuì jìnbù de.

Ⓑ: 你别指手画脚了，都说了不用你操心。
Nǐ bié zhǐshǒuhuàjiǎo le, dōu shuōle búyòng nǐ cāoxīn.

Ⓐ: 真是气死我了。
Zhēnshì qì sǐ wǒ le.

Ⓑ: 谁叫你多管闲事了。
Sheí jiào nǐ duō guǎnxiánshì le.

Ⓐ : 한자를 너무 보기 싫게 썼네.
Ⓑ : 제 숙제이니 너무 신경 쓰지 마세요.
Ⓐ : 다른 사람의 의견을 듣지 않으면 발전하지 못해.
Ⓑ : 이래라 저래라 간섭하지 마세요, 신경 쓰지 마시지요.
Ⓐ : 진짜 화나게 하네.
Ⓑ : 그러게 누가 그렇게 참견하래요.

단어 汉字 [hànzì] 한자 | 作业 [zuòyè] 숙제 | 进步 [jìnbù] 진보, 발전하다

자세히 알아보기

구문

> 형용사 + 死我了 : ~해 죽겠다

气死我了는 열 받아 죽겠다라는 의미입니다.

累死我了 [lèi sǐ wǒ le] 피곤해 죽겠어.
饿死我了 [è sì wǒ le] 배고파 죽겠어.
吓死我了 [xià sǐ wǒ le] 놀라서 죽겠어.
冷死我了 [lěng sǐ wǒ le] 추워 죽겠어.

쓰기 연습

你别指手画脚了。

Nǐ bié zhǐshǒuhuàjiǎo le.

이래라 저래라 간섭하지 말아주세요.

你别指手画脚了。

09

저자 강의 MP3 ▶ 5-09-1

한 입으로 두 말 하지 마.
你不要说话不算话。
Nǐ búyào shuōhuà bú suànhuà.

'남아일언중천금'이라는 말이 있죠? 이 말은 사나이 대장부의 말은 천금보다 무겁고 가치가 있다는 말인데요. 자신이 가치관으로 생각하는 의견은 상황에 따라 또는 시간의 흐름에 따라 변할 수 있다고 생각합니다. 그러면서 성장하기 때문이죠. 그러나 누군가와 약속한 것을 기억도 못하고 한 입으로 두 말을 하는 것은 서로에 대한 존중의 문제라고 생각을 하게 합니다.
우리 모두 약속을 잘 지킵시다!

알고 넘어가기

단어

算에 대해서 알아보겠습니다.

❶ ~로 인정하다, ~인 셈이다.
就算你对了，也不该那么说。 Jiùsuàn nǐ duì le, yě bù gāi nàme shuō.
당신이 맞지만, 그렇게 말하면 안되죠.

❷ 비중을 두다, 중요시 하다.
他说不算，还得你说。 Tā shuō bú suàn, hái děi nǐ shuō.
그가 중요시 여기지 않았지만 당신은 말을 해야 합니다.

❸ 그만두다, 더 이상 왈가왈부하지 않다.
算了，别说了。 Suàn le, bié shuō le.
그만둬요, 그만 말해요.

대화문

Ⓐ : 春天了，暖和了，真想出去转转。
Chūntiān le, nuǎnhuo le, zhēn xiǎng chūqù zhuǎnzhuan.

Ⓑ : 怎么？你也喜欢旅行？
Zěnme? Nǐ yě xǐhuan lǚxíng?

Ⓐ : 那可不，最近一直想去济州岛了的，就是没人陪。
Nà kěbù, zuìjìn yìzhí xiǎng qù Jìzhōudǎo le de, jiùshì méi rén péi.

Ⓑ : 这还不好办？周末我陪你一起去。
Zhè hái bù hǎo bàn? Zhōumò wǒ péi nǐ yìqǐ qù.

Ⓐ : 真的吗？一言为定。你不要说话不算话！
Zhēnde ma? Yìyánwéidìng. Nǐ búyào shuōhuà bú suànhuà!

Ⓑ : 你放心，君子一言，可是驷马难追的。
Nǐ fàngxīn, jūnzǐ yìyán, kě shì sìmǎnánzhuī de.

Ⓐ : 봄이네, 따뜻하다, 진짜 돌아다니고 싶다.
Ⓑ : 어? 너도 여행을 좋아해?
Ⓐ : 당연하지, 요즘 계속 제주도에 가고 싶었는데, 같이 갈 사람이 없네.
Ⓑ : 이건 일도 아니지, 주말에 내가 너 데리고 갈게.
Ⓐ : 진짜? 꼭이야! 한 입으로 두 말 하지 마!
Ⓑ : 걱정하지 마, 남아일언은 중천금이라잖아.

단어 暖和 [nuǎnhuo] 따뜻하다　济州岛 [jìzhōudǎo] 제주도

자세히 알아보기

구문

주어 + 是 + 강조내용 + 的

我是从韩国来的。 Wǒ shì cóng Hánguó lái de.
저는 한국에서 왔습니다.

我是我妈一起去的。 Wǒ shì wǒmā yìqǐ qù de.
저는 엄마와 함께 온 것입니다.

일 혹은 말하는 사람의 태도, 견해 등을 강조하고 싶을 때 是…的구문을 사용합니다.
시간, 장소, 대상, 방식, 목적, 수단, 원인 등 강조하고자 하는 내용은 是와 的 사이에 오며, 是는 생략할 수도 있습니다.

쓰기 연습

你不要说话不算话。

Nǐ búyào shuōhuà bú suànhuà.

한 입으로 두 말 하지 마.

你不要说话不算话。

10

저자 강의 MP3 5-10-1

사람 말은 끝까지 들어주세요.
请听我说完。
Qǐng tīng wǒ shuō wán.

이야기를 하다 보면 말이 끝나기도 전에 말을 끊어버리는 사람들이 있습니다. 말이 끝나기도 전에 미리 결론을 내고 자신의 생각만을 말하는 사람들이 있습니다. 요즘 소통의 방법 중의 하나는 타인의 이야기를 들어주는 것이라고 합니다. 소통을 위해서는 상대방의 말을 끝까지 듣는 것은 어떨까요?

알고 넘어가기

문법

결과보어에 대해 알아보겠습니다.

完은 결과보어로 **동사 + 보어**의 형식으로 쓰입니다.

说完了。 shuō wán le.
이야기를 다 했다.

没说完。 méi shuō wán.
말을 다 하지 않았습니다.

说得完。 shuō de wán.
말을 다 할 수 있습니다.

说不完。 shuō bù wán.
말을 다 할 수 없습니다.

6. 부탁 177

대화문 MP3 5-10-2

> **대화문**

A: 我已经知道了。是不是上次说过的那件事儿?
Wǒ yǐjīng zhīdào le. shìbushì shàngcì shuōguo de nà jiàn shìr?

B: 别打断我的话。不是你想的那件事儿。
Bié dǎduàn wǒ de huà. Búshì nǐ xiǎng de nà jiàn shìr.

A: 我的意思是...
Wǒ de yìsi shì...

B: 拜托了，请听我说完吧。
Bàituō le, qǐng tīng wǒ shuō wán ba.

A: 好，好，你继续说。
Hǎo, hǎo, nǐ jìxù shuō.

B: 哎，我说到哪儿了?
Āi, wǒ shuōdào nǎr le?

A: 난 이미 알고 있는데 혹시 저번에 말한 그 이야기 아니야?
B: 내 말 좀 끊지 마. 네가 생각하는 그거 아니거든.
A: 내 말은....
B: 부탁이야, 사람 말은 끝까지 들어줘.
A: 알았어, 알았다고, 계속 말해봐.
B: 에이, 내가 어디까지 말했지?

단어 打断[dǎduàn] 자르다, 끊다, 막다 | 继续[jìxù] 계속하다

자세히 알아보기

표현법

打断은 끊다, 자르다, 중단하다라는 의미를 가집니다.

别打断我的话。 Bié dǎduàn wǒ de huà.
제 말을 끊지 마세요.

我说到哪儿? Wǒ shuō dào nǎr?
제가 어디까지 말했지요?

하나의 주제를 가지고 이야기하다가 흐름이 끊겨서 다시 이어가려고 할 때 물어볼 수 있는 표현입니다.

说到哪儿去了의 경우는 무슨 말을 그렇게 하니?라는 의미를 가집니다.

看你说到哪儿去了。 Kàn nǐ shuō dào nǎr qù le.
너 말하는 것 좀 봐, 무슨 말을 그렇게 하니.

무슨 말을 그렇게 하니! 결국은 그렇게 말하지 말아라라는 의미입니다.

쓰기 연습

请听我说完。

Qǐng tīng wǒ shuō wán.

사람 말은 끝까지 들어주세요.

请听我说完。

중국 영화를 통해 배우는 영화 명대사 05

이별계약
分手合约

2013년 개봉한 영화로 한국의 오기환 감독과 중국 인기 배우 펑위옌(彭于晏)과 바이바이허(白百何)가 주연한 한중 합작영화입니다. '사랑하기 때문에 헤어지는 거야', '쉽게 헤어지자는 말을 하지마세요'라는 말이 생각나는 사랑 이야기입니다.

주인공 리싱과 차오차오는 고등학교 시절부터 서로 사랑을 해온 사이입니다. 고등학교 시절 리싱은 매일 차오차오의 도시락을 자신의 도시락과 몰래 바꾸면서 차오차오가 자신이 만든 도시락을 맛있게 먹는 것만으로도 행복해 하던 리싱. 그 시절의 수줍은 고백, 긴장되는 첫 키스, 첫 기념일 등의 추억을 가지고 있습니다.

모든 것을 처음으로 함께 경험한 리싱과 차오차오 커플은 갑작스러운 이별 통보로 5년 후에도 솔로라면 결혼을 하자는 말로 이별계약을 하게 됩니다. 5년 동안 리싱과의 만남을 학수고대해 온 차오차오는 리싱의 마음을 돌리기 위해 여러 가지 방법을 만남을 시도하면서 이야기는 전개가 됩니다. 그러나 5년의 계약기간이 끝나갈 무렵, 리싱은 차오차오에게 갑작스러운 결혼 소식을 전하는데….그러면서 서로의 사랑을 확인하면서 리싱은 정식으로 차오차오에게 청혼을 합니다.

〈이별계약〉에서 배울 수 있는 대사를 공부해볼까요?

❶ **五年后，如果双方还单身，就结婚。**
Wu nian hòu, ruguo shuāngfāng hái dānshēn, jiù jiéhūn.

5년 후에 만약 둘 다 싱글이라면, 그때 결혼하자.

❷ **能给他的回忆，我能给他的记忆，就只有那么多了。**
Néng gěi tā de huíyì, wǒ néng gěi tā de jìyì, jiù zhǐyǒu nàme duō le.

나는 그에게 추억을 줄 수 있고, 기억도 줄 수 있어. 단지 그것뿐이야.

❸ **你能明白，只要一想起莫个人，心就会绞着疼的那种感觉吗？**
Nǐ néng míngbai, zhǐyào yì xiǎng qǐ mò ge rén, xīn jiù huì jiǎozhe téng de nà zhǒng gǎnjué ma?

너는 누군가를 떠올리기만 해도 심장을 쥐어짜는 듯이 아픈 그런 느낌을 아니?

整个人就像失重一样。
zhěng ge rén jiù xiàng shīzhòng yíyàng.

온 몸이 중심을 잃은 것처럼…

❹ **人们分开总是有原因的。但是有些人你应该等。**
Rénmen fēnkāi zǒngshì yǒu yuányīn de. Dànshì yǒuxiē rén nǐ yīnggāi děng.

사람들이 헤어지는 데에는 다 이유가 있지. 하지만 누군가는 기다릴 필요가 있어.

❺ **每次想你的时候，就来这里坐一坐。**
Měicì xiǎng nǐ de shíhou, jiù lái zhèli zuòyizuò.

매번 네가 생각날 때마다 여기에 왔었어.

단어

单身[dānshēn] 싱글 | **回忆**[huíyì] 추억 | **失重**[shīzhòng] 중심을 잃다

Chapter 6 황당

항상 일이 즐겁고 순조롭게 진행되지만은 않습니다. 전혀 생각하지도 못한 곳에서 일이 발생하기도 합니다. 특히나 가장 믿었던 곳에서 예상치 못한 일이 생겼을 때의 황당함이란 상상도 하기 싫어집니다. 그런 일이 발생했을 때 긍정적으로 위기를 슬기롭게 해결할 줄 알아야겠지요?

1. 这不是明知故问？알면서 물어보는 거 아니야?
2. 你的脸皮比城墙还厚呢。당신 진짜 얼굴 두껍다.
3. 我突然词穷了。순간 말문이 막혀버렸어요.
4. 真是摸不着头脑。정말 영문을 모르겠네요.
5. 我脑子一片混乱。멘붕이에요.
6. 背着抱着一样沉。도긴개긴.
7. 你别任性了吧。제발 즉흥적으로 하지 마.
8. 我觉得自己萌萌哒！난 내가 생각해도 참 귀여운 것 같아요!
9. 看我这记性。이런, 내 기억력 좀 봐봐.
10. 说一千道一万，你就不想帮我。백 번 천 번 말해도 도와주기 싫다는 거네요.

01

저자 강의 MP3 ▶ 6-01-1

알면서 물어보는 거 아니야?

这不是明知故问?

Zhè búshì míngzhīgùwèn?

그런 사람들이 있죠? 알면서도 모르는 척 물어보는 사람들이 있는데요. 물론 그것이 다 나쁘다고 할 수 없지만 나쁜 의도로 물어보는 사람들도 있답니다. 마치 뒷조사를 하는 것처럼 추궁하듯이 말이죠. 아마도 그 내면의 심리는 상대방을 떠보는 심리는 아닐까 생각을 하는데요. 서로의 생각이 다 같을 순 없겠지만, 서로를 이해하는 노력이 필요한 듯 합니다.

알고 넘어가기

표현법

明知故问은 아래와 같이 풀 수 있습니다.

明明知道，却要故意询问。 Míngmíng zhīdào, què yào gùyì xúnwèn.
명확하게 알면서도 오히려 물어보는 것이다.

무슨 일이 있는지 알면서 상대방에게 재차 물어 보는 것을 말합니다.
누군가를 만나기 전에 상대방에 대해 다 알고 있었지만 직접 만나 다시 물어 보는 경우 쓸 수 있습니다.

Ⓐ : 你这不是明知故问？
Nǐ zhè búshì míngzhīgùwèn?

Ⓑ : 难道他们所说的谣言都是事实吗？
Nándào tāmen suǒ shuō de yáoyán dōushì shìshí ma?

Ⓐ : 不全真，也不算假。
Bù quán zhēn, yě bú suàn jiǎ.

Ⓑ : 到底怎么回事儿？快说给我听听。
Dàodǐ zěnme huíshìr? Kuài shuō gěi wǒ tīngting.

Ⓐ : 不说了，说了也白说，我只能认了。
Bù shuō le, shuōle yě báishuō, wǒ zhǐnéng rèn le.

Ⓑ : 别这么说，肯定有办法的。
Bié zhème shuō, kěndìng yǒu bànfǎ de.

Ⓐ : 알면서 물어보는 거 아니야?
Ⓑ : 설마 사람들이 말하는 소문들이 모두 사실이야?
Ⓐ : 다 맞는 건 아니지만 다 틀리는 것도 아니야.
Ⓑ : 도대체 무슨 일이야? 빨리 말해봐.
Ⓐ : 됐어. 말해봤자 나 혼자 감수하지 뭐.
Ⓑ : 그런 말 하지 마, 꼭 방법이 있을 거야.

 谣言 [yáoyán] 소문 | 办法 [bànfǎ] 방법

자세히 알아보기

구문

难道... 吗？에 대해 알아보겠습니다.

难道... 吗？: 설마 ~한 것이 아니겠는가?

어떤 상황이나 일이 믿어지지 않을 때 반어의 어기로 많이 사용됩니다.

难道这只是我的责任吗？ Nándào zhè zhǐshì wǒ de zérèn ma?
설마 이게 나만의 책임이란 말인가요?

难道你不喜欢我这么做吗？ Nándào nǐ bù xǐhuan wǒ zhème zuò ma?
당신 설마 제가 이렇게 하는 걸 좋아하지 않아요?

쓰기 연습

这不是明知故问？

Zhè búshì míngzhīgùwèn ?

알면서 물어보는 거 아니야?

这不是明知故问？

당신 진짜 얼굴 두껍다.
你的脸皮比城墙还厚呢。
Nǐ de liǎnpí bǐ chéngqiáng hái hòu ne.

살다보니 입술이 아닌 얼굴이 두꺼운 사람들이 있습니다. 남의 눈치를 안보고 행동을 하는 사람들을 보고 '얼굴이 두껍다'라고 말합니다.

알고 넘어가기

표현법

脸皮厚는 낯가죽이 두껍다라는 의미입니다.

死猪不怕开水烫 [sǐ zhū bú pà kāishuǐ tàng]의 의미는 '죽은 돼지는 뜨거운 물을 두려워하지 않는다'라는 의미입니다. 얼굴이 두껍고 부끄러움을 모르고 마음대로 행동하는 사람을 비유한 말입니다.

你脸皮怎么那么厚啊。 Nǐ liǎnpí zěnme nàme hòu a.
당신은 낯가죽이 어쩜 그렇게 두껍나요.

Ⓐ : 你的报告为什么和我的一字不差啊？快说呀！
Nǐ de bàogào wèishénme hé wǒ de yí zì bú chà a?　　　　Kuài shuō ya!

Ⓑ : 你在胡说八道什么啊？
Nǐ zài húshuōbādào shénme a?

Ⓐ : 你的脸皮比城墙还厚呢，我失望了。
Nǐ de liǎnpí bǐ chéngqiáng hái hòu ne,　　wǒ shī wàng le.

Ⓑ : 不是你想的那样。
Búshì nǐ xiǎng de nàyàng.

Ⓐ : 你以为我不知道吗？
Nǐ yǐwéi wǒ bù zhīdào ma?

Ⓑ : 真的对不起，除了对不起，我无话可说。
Zhēnde duìbuqǐ,　　chúle duìbuqǐ,　　wǒ wú huà kě shuō.

Ⓐ : 보고서 내용이 왜 나랑 한 글자도 다르지 않지? 빨리 말해봐.
Ⓑ : 갑자기 무슨 말을 하는 거야.
Ⓐ : 너 얼굴 진짜 두껍다. 실망했어.
Ⓑ : 너가 생각하는 그런 게 아니야.
Ⓐ : 내가 모를 줄 알았어?
Ⓑ : 정말 미안해, 미안하단 말밖에 할 말이 없네.

 城墙[chéngqiáng] 성벽　｜　厚[hòu] 두껍다

자세히 알아보기

단어

想은 ~하고 싶다라는 소박한 바람을 표현하고, 다소 소극적인 느낌입니다.

我想去中国。 Wǒ xiǎng qù Zhōngguó.
저는 중국에 가고 싶습니다.

要은 ~하려고 하다라는 강한 의지를 표현하고, 적극적인 느낌입니다.

我要去中国。 Wǒ yào qù Zhōngguó.
저는 중국에 가려고 합니다.

쓰기 연습

你的脸皮比城墙还厚呢。

Nǐ de liǎnpí bǐ chéngqiáng hái hòu ne.

당신 진짜 얼굴 두껍다.

你的脸皮比城墙还厚呢。

03

저자 강의 MP3 ▶ 6-03-1

순간 말문이 막혀버렸어요.

我突然词穷了。

Wǒ tūrán cíqióng le.

순간 말문이 막힌 적이 있나요? 항상 날 이해한다며 그리고 항상 널 믿고 있다고 했던 사람이 있었습니다. 언제부터인가 이상한 소문이 돌기 시작했고, 나에 대한 험담이었습니다. 생각지도 못했던 그가 소문의 진원지였답니다. 그 소문이 있고 다시 그를 본 저는 순간 말문이 막혀버렸답니다.

알고 넘어가기

표현법

词穷은 말문이 막히다, 할 말을 잃다라는 의미입니다.

还是词穷[háishi cíqióng] 여전히 할 말이 없다.
理屈词穷[lǐqūcíqióng] 이치에 닿지 않아 말문이 막히다.
词穷理极[cíqiónglǐjí] 이치를 설명하고 말을 다 끝냄을 이르는 말

Ⓐ : 今天我心情特不好，你陪我喝一杯吧。
Jīntiān wǒ xīnqíng tè bù hǎo, nǐ péi wǒ hē yì bēi ba.

Ⓑ : 啥事让你这么好的人沮丧成这样子呢?
Shá shì ràng nǐ zhème hǎo de rén jǔsàng chéng zhè yàngzi ne?

Ⓐ : 就是刚才，我被甩了。
Jiùshì gāngcái, wǒ bèi shuǎi le.

Ⓑ : 你俩平时那么好，这到底是怎么回事啊?
Nǐ liǎ píngshí nàme hǎo, zhè dàodǐ shì zěnme huíshì a?

Ⓐ : 我也不知道，她一见面就说分手，听后，
Wǒ yě bù zhīdào, tā yí jiànmiàn jiù shuō fēnshǒu, tīng hòu,

我也突然词穷了。
wǒ yě tūrán cíqióng le.

Ⓑ : 如果你还喜欢她的话，你去抓啊。
Rúguǒ nǐ hái xǐhuan tā de huà, nǐ qù zhuā a.

哪怕是死缠烂打也好。
Nǎpà shì sǐchánlàndǎ yě hǎo.

Ⓐ : 나 오늘 기분이 너무 안 좋아, 술 한 잔 같이 하자.
Ⓑ : 무슨 일인데 이렇게 밝은 애가 풀이 죽었어?
Ⓐ : 방금 나 차였어.
Ⓑ : 너희 둘 평소에 그렇게 좋더니, 도대체 무슨 일인데?
Ⓐ : 나도 모르겠어, 날 보자마자 헤어지자고 하네, 순간 말문이 막혔지.
Ⓑ : 만약에 네가 아직도 그녀를 좋아한다면 가서 잡아, 죽자 살자 매달려봐.

단어 甩 [shuǎi] (연인 사이에서) 차다 | 突然 [tūrán] 갑자기 | 死缠烂打 [sǐchánlàndǎ] 죽자살자 매달리다

자세히 알아보기

표현법

차인다는 표현에 대해 알아보겠습니다.

被甩了。 Bèi shuǎi le.
차였어요.

被女朋友甩了。 Bèi nǚpéngyou shuǎi le.
여자 친구한테 차였어요.

我被她甩了。 Wǒ bèi tā shuǎi le.
저는 그녀에게 차였어요.

쓰기 연습

我突然词穷了。
Wǒ tūrán cíqióng le.

순간 말문이 막혀버렸어요.

我突然词穷了。

정말 영문을 모르겠네요.
真是摸不着头脑。
Zhēnshì mōbuzháo tóunǎo.

그럴 때 있죠? 갑자기 변한 그의 태도에 아무리 생각해도 왜 그럴까하여 생각이 많이 질 때가 있습니다. 혹시라도 내가 무슨 잘못을 한 것이 아닐까? 내가 무슨 말 실수를 한 것은 아닐까? 이런 저런 생각을 해도 답이 안 나올 때가 있습니다. 아마 서로 오해가 생겼기 때문이겠지요. 가장 좋은 것은 오해를 풀면 좋은데 그게 또 쉽지만은 않습니다. 그래서 항상 말과 행동에 조심을 해야겠다는 생각을 하게 합니다.

알고 넘어가기

표현법

摸不着头脑의 표현에 대해 알아보겠습니다.

摸不着头脑은 머리가 만져지지 않는다라는 의미로 갈피를 잡을 수 없다, 영문을 모르겠다라는 의미입니다. 摸는 손으로 짚어보다, 더듬어 찾아보다, 摸不着은 만져지지 않는다라는 의미입니다.

摸不着头脑은 莫名其妙[mòmíngqímiào]와 같은 의미로 쓰입니다.

我一点也摸不着头脑。Wǒ yìdiǎn yě mōbuzháo tóunǎo.
저는 조금도 영문을 모르겠어요.

Ⓐ : 你今天好像变了一个人，怎么这么垂头丧气？
Nǐ jīntiān hǎoxiàng biànle yí ge rén, zěnme zhème chuítóusàngqì?

Ⓑ : 别提了，不想说。
Bié tí le, bùxiǎng shuō.

Ⓐ : 怎么啦？
Zěnme la?

Ⓑ : 真是摸不着头脑。我也不太明白这样的情况。
Zhēnshì mōbuzháo tóunǎo. Wǒ yě bútài míngbai zhèyàng de qíngkuàng.

Ⓐ : 你不说我怎么知道。你说出来我也许可以帮到你啊。
Nǐ bù shuō wǒ zěnme zhīdào. Nǐ shuō chūlái wǒ yěxǔ kěyǐ bāng dào nǐ a.

Ⓑ : 我不知道从哪儿开始说，
Wǒ bù zhīdào cóng nǎr kāishǐ shuōhuà,

而且也不知道怎样把它说明白。
érqiě yě bù zhīdào zěnyàng bǎ tā shuō míngbai.

Ⓐ : 너 오늘 사람이 변한 것처럼 왜 그렇게 의기소침해 있어?
Ⓑ : 어휴, 말도 마, 말하고 싶지 않네.
Ⓐ : 무슨 일인데 그래?
Ⓑ : 정말 영문을 모르겠어. 지금 이 상황이 이해가 안 가.
Ⓐ : 네가 안 말하면 내가 어떻게 알아. 말을 해야 내가 도와줄 수 있지.
Ⓑ : 어디서부터 이야기해야 할지 모르겠어. 게다가 어떻게 설명을 해야 할지도 모르겠네.

단어 垂头丧气[chuítóusàngqì] 의기소침하다 | 摸[mō] 만지다 | 头脑[tóunǎo] 머리, 생각

자세히 알아보기

표현법

垂头丧气의 표현에 대해 알아보겠습니다.

垂头丧气은 **의기소침하다, 고개를 숙이고 낙담하다, 풀이 죽고 낙심하여 아무런 의지도 보이지 않음**을 나타냅니다.

看你垂头丧气的样子，就知道你为什么。 Kàn nǐ chuítóusàngqì de yàngzi, jiù zhīdào nǐ wèishénme.
당신의 의기소침한 모습을 보니, 당신이 왜 그런지 알겠네요.

쓰기 연습

真是摸不着头脑。

Zhēnshì mōbuzháo tóunǎo.

정말 영문을 모르겠네요.

真是摸不着头脑。

05 저자 강의 MP3 6-05-1

멘붕이에요.

我脑子一片混乱。

Wǒ nǎozi yí piàn hùnluàn.

연애를 하고 있는데, 어제까지 참 잘 지내고 있다가 갑자기 이별 통보를 받을 때 뭔가에 한 대 맞은 듯한 그런 느낌이 바로 멘붕이겠지요? 헤어지는 이유라도 알았으면 '그런 마음이었구나'라고 생각을 했을 텐데 이유도 모르고 헤어지면, 정말 더더욱 멘붕이겠지요. 모든 일을 끝맺음할 때 상대방에게 멘붕을 주면서 끝내는 것은 정말 예의가 아닌 것 같아요.

알고 넘어가기

문법

양사에 대해 알아보겠습니다.

片은 양사로 여러 가지 상황에 쓰입니다.

얇고 작은 사물이나 작게 잘라진 부분을 세는 단위입니다. 풍경, 분위기, 소리, 언어, 마음 따위를 세는 단위입니다.

一片混乱의 경우 혼란스러운 마음을 표현했습니다.

A: 你那件事解决了吗?
Nǐ nà jiàn shì jiějué le ma?

B: 还没有，我脑子一片混乱。
Hái méiyou, wǒ nǎozi yí piàn hùnluàn.

A: 出什么问题了? 你跟我说说吧。
Chū shénme wèntí le? Nǐ gēn wǒ shuōshuo ba.

B: 我是个扫把星，做什么事都不顺利。
Wǒ shì ge sàobǎxīng, zuò shénme shì dōu bú shùnlì.

A: 有那么严重吗? 别太自责了。
Yǒu nàme yánzhòng ma? Bié tài zìzé le.

B: 我真的不知道该怎么做了。做什么错什么。
Wǒ zhēnde bù zhīdào gāi zěnme zuò le. Zuò shénme cuò shénme.

A: 당신 그 일 어떻게 해결됐어요?
B: 아직이요, 멘붕이에요.
A: 무슨 일 있어요? 저한테 이야기 해보세요.
B: 제가 재수 없는 사람이죠, 무슨 일을 하든지 잘 안되네요.
A: 그렇게 심각해요? 너무 자책하지 마세요.
B: 정말 어떻게 해야 할지 모르겠어요, 무슨 일을 하든지 다 틀리네요.

단어 解决[jiějué] 해결하다 | 混乱[hùnluàn] 혼란하다 | 顺利[shùnlì] 순조롭다

자세히 알아보기

단어

严重[yánzhòng]
형용사로 (상황이나 정도가) 심각하다라는 의미를 가집니다.

这是一个非常严重的问题。 Zhè shì yí ge fēicháng yánzhòng de wèntí.
이것은 심각한 문제입니다.

严格[yángé]
형용사로 (요구나 조건, 규정 등이) 매우 엄격하다라는 의미를 가집니다.

他对自己的要求很严格。 Tā duì zìjǐ de yàoqiú hěn yángé.
그는 자신에게 매우 엄격합니다.

쓰기 연습

我脑子一片混乱。
Wǒ nǎozi yí piàn hùnluàn.

멘붕이에요.

我脑子一片混乱。

도긴개긴.
背着抱着一样沉。
Bèizhe bàozhe yíyàng chén.

윷놀이에서 도, 개, 걸, 윷, 모가 있는데 도는 말이 한 칸, 개는 두 칸입니다. 결국 한 칸을 가나 두 칸을 가나 뾰족한 수가 없다는 말입니다. 즉, 도긴(한 끗 차이), 개긴(두 끗 차이) 하며 앞서거니 뒤서거니 하는 모양을 이르는 말입니다. '도토리 키 재기', '오십 보 백 보'라는 속담과 같은 의미로 쓰입니다. 예전에 개그 프로그램에서 '도찐개찐'이라는 제목으로 개그 소재가 되기도 했지요.

알고 넘어가기

문법

동사 + 着 + 목적어 : ~하고 있다, ~한 채로 있다

동작의 진행이나 상태의 지속을 나타냅니다.

电脑开着。 Diànnǎo kāizhe.
컴퓨터는 켜져 있어요.

她穿着黑色衣服。 Tā chuānzhe hēisè yīfu.
그녀는 검은 옷을 입고 있어요.

他拿着一本书。 Tā názhe yì běn shū.
그는 책 한 권을 들고 있어요.

대화문

Ⓐ : 你的包看起来很沉啊，我帮你拿吧！
　　Nǐ de bāo kàn qǐlái hěn chén a, wǒ bāng nǐ ná ba!

Ⓑ : 不用，我自己可以！
　　Búyòng, wǒ zìjǐ kěyǐ!

Ⓐ : 看起来很重，里面装的是什么啊？
　　Kàn qǐlái hěn zhòng, lǐmiàn zhuāng de shì shénme a?

Ⓑ : 都是书，这不放假了嘛，都拿回家。
　　Dōushì shū, zhè bú fàngjià le ma, dōu ná huíjiā.

Ⓐ : 要不你背着吧！背着也许会好一点儿！
　　Yàobù nǐ bèizhe ba! Bèizhe yěxǔ huì hǎo yìdiǎnr!

Ⓑ : 我刚才试了，背着抱着一样沉！
　　Wǒ gāngcái shì le, bèizhe bàozhe yíyàng chén!

Ⓐ : 보아하니 가방이 무거워 보이네요, 제가 들어줄게요.
Ⓑ : 괜찮아요, 제가 할게요!
Ⓐ : 무거워 보이는데 안에 뭐가 있어요?
Ⓑ : 모두 책이에요, 이번에 방학하잖아요! 다 가지고 집에 가려고요.
Ⓐ : 뒤로 메보세요! 메면 좀 괜찮아질 거예요!
Ⓑ : 방금 해봤는데, 무거운 건 같네요!

단어 装[zhuāng] 담다, 포장하다 | 放假[fàngjià] 방학하다 | 轻松[qīngsōng] 수월하다, 가볍다

자세히 알아보기

단어

要不에 대해 알아보도록 하겠습니다.

❶ 만약에 그렇지 않으면 (否则 / 不然 / 要不然)

该写信了，要不家里会担心的。 Gāi xiěxìn le, yàobù jiā li huì dānxīn de.
편지를 쓸 때가 되었다. 만약에 그렇지 않으면 집에서 걱정할 겁니다.

❷ 그럼 ~하자 (완곡하게 상대에게 제안을 할 때 사용합니다.)

你不喜欢吃中国菜，要不咱们吃韩国菜吧。
Nǐ bù xǐhuan chī Zhōngguócài, yàobù zánmen chī Hánguócài ba.
당신은 중국 음식을 먹는 것을 좋아하지 않으니, 우리 한국 음식 먹어요.

쓰기 연습

背着抱着一样沉。

Bèizhe bàozhe yíyàng chén.

도긴개긴.

背着抱着一样沉。

제발 즉흥적으로 하지 마.

你别任性了吧。

Nǐ bié rènxìng le ba.

성격이 급한 사람들은 일을 처리함에 있어서 신속한 반면에 세심하지 못해서 실수를 하는 경우가 있습니다. 그렇지만 그 나름대로의 원칙을 가지고 일을 하는 거겠지만 타인들이 볼 때는 생각 없이 하는 것처럼 비쳐질 때도 간혹 있습니다. 모든 일은 장점이 단점이 될 수도 있고, 단점이 장점이 될 수 있습니다.

알고 넘어가기

단어

任性[rènxìng]은 제 멋대로 하다, 마음 내키는 대로 하다라는 의미를 가집니다.
任性은 부정적인 의미로 마음대로 하다는 것을 의미합니다.
이와 비슷한 표현으로 随意도 있지만 쓰임은 다릅니다.

你的朋友太任性了。 Nǐ de péngyou tài rènxìng le.
당신의 친구는 너무 제멋대로 하네요.

随意[suíyì]은 반대로 긍정적인 의미로 마음대로 하다는 것을 의미합니다.

他穿着太随意了吧。 Tā chuānzhe tài suíyì le ba.
그는 옷을 편하게 입었네요.

Ⓐ : 哼，气死我了，我非分手不可。
　　Hèng, qì sǐ wǒ le, wǒ fēi fēnshǒu bùkě.

Ⓑ : 这是怎么啦？好像出了大事儿似的？
　　Zhè shì zěnme la? Hǎoxiàng chūle dàshìr sìde?

Ⓐ : 你说，气不气人？说好这次休假去夏威夷旅行的，
　　Nǐ shuō, qìbuqìrén? Shuō hǎo zhècì xiūjià qù Xiàwēiyí lǚxíng de,

可现在又说公司不放假。
kě xiànzài yòu shuō gōngsī bú fàngjià.

Ⓑ : 就这点事闹分手啊？
　　Jiù zhè diǎn shì nào fēnshǒu a?

Ⓐ : 不管了，这次他不陪我去，我就和他分手。
　　Bùguǎn le, zhècì tā bù péi wǒ qù, wǒ jiù hé tā fēnshǒu.

Ⓑ : 你别任性了吧，难道你真希望他陪你去夏威夷，
　　Nǐ bié rènxìng le ba, nándào nǐ zhēn xīwàng tā péi nǐ qù Xiàwēiyí,

被公司炒鱿鱼吗？
bèi gōngsī chǎo yóuyú ma?

Ⓐ : 흥, 화나죽겠어, 꼭 헤어지고 말 거야.
Ⓑ : 왜 그래? 큰일이 일어난 것처럼?
Ⓐ : 네가 봐봐, 화나는지 아닌지? 이번 휴가 때 하와이로 여행가기로 했었는데, 이제 와서 회사에서 휴가 없이 근무한다잖아.
Ⓑ : 고작 이런 일로 헤어지겠다는 거야?
Ⓐ : 됐어, 이번에 나랑 안 가면 헤어질 거야.
Ⓑ : 제발 즉흥적으로 하지 마, 진짜 그가 너랑 하와이에 가고 회사에서 잘리기를 바라는 거야?

단어　夏威夷 [xiàwēiyí] 하와이

자세히 알아보기

단어

好像은 ~한 것 같다, ~인 것 같다의 의미로 **추측이나 불확실한 느낌을 나타냅니다.** 때로는 **好**를 생략하고 **像**만 써도 됩니다.

里面好像没人。 Lǐmiàn hǎoxiàng méi rén.
안에는 사람이 없는 것 같습니다.

今天下午好像有雨。 Jīntiān xiàwǔ hǎoxiàng yǒu yǔ.
오늘 오후에 비가 올 것 같습니다.

쓰기 연습

你别任性了吧。

Nǐ bié rènxìng le ba.

제발 즉흥적으로 하지 마.

你别任性了吧。

난 내가 생각해도 참 귀여운 것 같아요!

我觉得自己萌萌哒！

Wǒ juéde zìjǐ méngméngdā !

우리는 살면서 자신에게 칭찬과 격려가 필요할 때가 있어요. '그래, 잘하고 있어, 난 꽤 괜찮은 사람이야.' 라고 스스로를 위로하고 다독거리면서 오히려 위안을 받을 때가 있죠. 이렇게 가끔은 무한 긍정이 필요하답니다.

알고 넘어가기

표현법

萌萌哒의 표현법에 대해 알아보겠습니다.

萌萌哒는 중국의 펑리위안 여사가 귀여운 코알라를 안고 있는 사진을 보고 중국 사람들이 萌萌哒라는 말을 사용하면서 유행하기 시작했습니다.

萌萌哒은 '귀엽다'라는 표현이지만 한국식으로 바꾼다면 '귀요미'정도로 의역이 될 수 있습니다.

哒[dā]를 응용해서 棒棒哒[bàngbàngdā]는 '짱 좋아'라고 표현을 하는데 어감 자체가 귀여움을 나타냅니다.

대화문 MP3 6-08-2

Ⓐ : 你刚才说什么？你再说一遍，好吗？
　　Nǐ gāngcái shuō shénme?　Nǐ zài shuō yí biàn,　hǎo ma?

Ⓑ : 我觉得自己萌萌哒！
　　Wǒ juéde zìjǐ méngméngdā!

Ⓐ : 哈哈哈！说什么？你吃错药了吗？
　　Hāhāhā!　Shuō shénme?　Nǐ chī cuò yào le ma?

Ⓑ : 你不觉得吗？
　　Nǐ bù juéde ma?

Ⓐ : 你也太不像话了吧？在因外貌被甩的我面前，
　　Nǐ yě tài bú xiànghuà le ba?　Zài yīn wàimào bèi shuǎi de wǒ miànqián,

竟然说这样的话。
jìngrán shuō zhèyàng de huà.

Ⓑ : 哈哈哈，我这不是牺牲自己的形象，让你开心嘛。
　　Hāhāhā,　wǒ zhè búshì xīshēng zìjǐ de xíngxiàng,　ràng nǐ kāixīn ma!

Ⓐ : 당신 방금 뭐라고 했어? 다시 한 번 말해줄래?
Ⓑ : 난 내가 생각해도 참 귀여운 것 같아.
Ⓐ : 하하! 뭐라고? 약 잘못 먹었어?
Ⓑ : 너는 그렇게 생각하지 않아?
Ⓐ : 너도 말이 안 되지? 외모로 차인 사람 앞에서 어떻게 그런 말을 해.
Ⓑ : 하하하, 내가 이러는 건 내 이미지를 희생해서 널 기쁘게 해주고 싶은 거야.

단어　刚才[gāngcái] 방금　｜　吃药[chīyào] 약을 먹다　｜　不像话[búxiànghuà] 말이 안 된다. 이치에 맞지 않다
　　　　牺牲[xīshēng] 희생하다　｜　形象[xíngxiàng] 이미지

자세히 알아보기

표현법

不像话에 대해 알아보겠습니다.

不像话는 **말도 안되다, 말 같지도 않다**라는 의미를 가집니다.
누군가가 이치나 도리에 어긋나는 말이나 행동을 할 때 표현을 할 수 있습니다.

太不像话了。 Tài búxiànghuà le.
정말 말이 안 돼요.

像话吗？ Xiànghuà ma?
말이 되나요?

真不像话。 Zhēn búxiànghuà.
정말 말이 안 돼요.

쓰기 연습

我觉得自己萌萌哒！

Wǒ juéde zìjǐ méngméngdā！

난 내가 생각해도 참 귀여운 것 같아요.

我觉得自己萌萌哒！

09 저자 강의 MP3 6-09-1

이런, 내 기억력 좀 봐.
看我这记性。
Kàn wǒ zhè jìxing.

가끔은 핸드폰을 손에 들고 깜박해서 핸드폰을 찾아본 적이 한 번씩은 있을 텐데요. 바쁘게 살다보니 정신이 없을 때가 있습니다. 방금 전에 한 행동도 기억이 안 나거나 심지어는 말을 하면서도 지금 내가 무슨 말을 하는지 스스로도 모를 때도 종종 있답니다. 기억력에 무슨 문제가 있나봅니다.

알고 넘어가기

표현법

记性의 의미를 알아보겠습니다. 记性은 '기억력'이라는 의미인데, 아주 사소한 일에 대해 까먹었을 때 쓸 수 있는 표현입니다.

我的记性很差。 Wǒ de jìxing hěn chà.
저의 기억력이 형편없습니다.

我的记性越来越不好。 Wǒ de jìxing yuèláiyuè bù hǎo.
저의 기억력은 더욱더 나빠지고 있습니다.

Ⓐ: 你的电话号码是多少来着?
Nǐ de diànhuà hàomǎ shì duōshao láizhe?

Ⓑ: 以前我跟你说过，我的电话号码是…
Yǐqián wǒ gēn nǐ shuōguo, wǒ de diànhuà hàomǎ shì…

Ⓐ: 等一下，我的手机在哪儿? 看我这记性。
Děng yíxià, wǒ de shǒujī zài nǎr? Kàn wǒ zhè jìxing.

Ⓑ: 你好好儿想想。在不在书包里?
Nǐ hǎohāor xiǎngxiang. Zàibuzài shūbāo li?

Ⓐ: 找到了，在书包里。
Zhǎodào le, zài shūbāo li.

Ⓑ: 那我继续说电话号码了?
Nà wǒ jìxù shuō diànhuà hàomǎ le?

Ⓐ : 당신의 전화번호가 몇 번이라 했죠?
Ⓑ : 저번에 알려준 것 같은데요, 저의 전화번호는…
Ⓐ : 잠깐만요, 핸드폰이 어디 있지? 이런, 내 기억력 좀 봐봐.
Ⓑ : 잘 생각해봐요, 가방에 없어요?
Ⓐ : 찾았어요, 책가방에 있네요.
Ⓑ : 계속 제 전화번호를 말할게요.

 号码 [hàomǎ] 번호　　书包 [shūbāo] 책가방　　继续 [jìxù] 계속하다, 끊임없이 하다

자세히 알아보기

구문

来着는 문장 끝에 쓰여 이미 일어났던 일에 대해 말할 때 쓸 수 있는 표현입니다. 해석을 하면 '~라고 했더라'라는 의미를 가지며 원래 알고 있었는데 지금은 잊어버렸다는 의미를 나타냅니다.

你叫什么名字来着? Nǐ jiào shénme míngzi láizhe?
이름이 뭐라고 했죠?

你刚才说什么来着? Nǐ gāngcái shuō shénme láizhe?
방금 뭐라고 말했죠?

쓰기 연습

看我这记性。
Kàn wǒ zhè jìxing.

이런, 내 기억력 좀 봐봐.

看我这记性。

백 번 천 번 말해도 도와주기 싫다는 거네요.

说一千道一万,
Shuō yì qiān dào yí wàn,

你就不想帮我。
nǐ jiù bùxiǎng bāng wǒ.

믿었던 친구에게 어렵게 부탁을 했는데 도와주지 못하겠다는 대답을 들으면 많이 서운하고 섭섭한데요. 그에게 이유가 있겠다고 생각하면 그만이겠지만 사실 그 상황에서 상대의 입장까지 생각할 여유가 없거든요. 마음을 터놓고 이야기를 하다보면 서로의 입장에 대해 좀 더 이해하지 않을까요?

알고 넘어가기

단어

道의 의미에 대해 알아보겠습니다.

说一千道一万은 천 번을 말하고 만 번을 말하다라는 의미입니다.
즉, 같은 내용을 여러 번 강조해서 말하는 것입니다.
여기서 道는 '말하다'라는 의미를 가집니다.

대화문 MP3 6-10-2

Ⓐ : 朋友，如果还把我当朋友的话，
Péngyou, rúguǒ hái bǎ wǒ dāng péngyou de huà,

就听我一次劝告吧。
jiù tīng wǒ yícì quàngào ba.

Ⓑ : 你还是没理解到我们这事业的超前性。
Nǐ háishi méi lǐjiě dào wǒmen zhè shìyè de chāoqiánxìng.

Ⓐ : 什么超前不超前，传销就是传销。
Shénme chāoqián bù chāoqián, chuánxiāo jiùshì chuánxiāo.

Ⓑ : 你别那么极端，来，我再给你说明一下。
Nǐ bié nàme jíduān, lái, wǒ zài gěi nǐ shuōmíng yíxià.

Ⓐ : 够了，如果是这事儿的话，以后就别来找我了。
Gòule, rúguǒ shì zhè shìr de huà, yǐhòu jiù bié lái zhǎo wǒ le.

Ⓑ : 说一千道一万，你就不想帮我。
Shuō yì qiān dào yí wàn, nǐ jiù bùxiǎng bāng wǒ.

Ⓐ : 친구야, 나를 친구로 생각한다면 이번 충고를 좀 들어줘.
Ⓑ : 넌 아직 우리 사업이 앞서간다는 것을 이해를 하지 못하는 것 같아.
Ⓐ : 앞서든 어쨌든 간에, 다단계는 다단계일 뿐이야.
Ⓑ : 그렇게 극단적으로 말하지 말고, 자, 내가 다시 설명해줄게.
Ⓐ : 됐어, 이 일이라면 앞으로 찾아오지 마라.
Ⓑ : 백 번 천 번 말해도 도와주기 싫다는 거네.

단어 劝告[quàngào] 충고하다 | 超前[chāoqián] (시대를) 앞서다 | 极端[jíduān] 극단 | 传销[chuánxiāo] 다단계

자세히 알아보기

단어

来에 대해 알아보겠습니다.

❶ 오다

他来北京快一年了。 Tā lái Běijīng kuài yì nián le.
그는 베이징에 온 지 거의 일 년이 다 되어 간다.

❷ 다른 동사 앞에 쓰여 어떤 일을 함에 있어서 적극적인 모습을 나타냄

我来介绍一下。 Wǒ lái jièshào yíxià.
제 소개를 할게요.

❸ 다른 사람을 부르거나 화제 전환할 때 쓰임

来，我们唱歌吧。 Lái, wǒmen chànggē ba.
자, 우리 노래 불러요.

쓰기 연습

说一千道一万，
Shuō yì qiān dào yí wàn,

你就不想帮我。
nǐ jiù bùxiǎng bāng wǒ.

백 번 천 번 말해도 도와주기 싫다는 거네요.

说一千道一万，
你就不想帮我。

6. 황당

중국 영화를 통해 배우는 영화 명대사 06

총총나년
匆匆那年

2014년 개봉한 영화로 감독은 장이바이(张一白), 주연은 펑위옌(彭于晏), 니니(倪妮), 정개(郑恺), 웨이천(魏晨)입니다. '중국판 응답하라'라는 타이틀로 한국에서도 유명세를 얻은 작품입니다. 다섯 친구들이 15년의 청춘을 뛰어넘어 학창시절의 우정과 사랑, 순수함을 그려냈으며 중국의 빠링호우(80년대 세대를 가르키는 말) 세대들이 가장 공감하는 영화로 손꼽히고 있습니다.

친구의 결혼식장에서 결혼식 인터뷰 영상을 맡은 90년대 생 여자아이 치치를 만나면서 이야기는 시작됩니다. 치치는 인터뷰를 명목으로 천쉰에게 첫사랑의 기억을 물으며 그 시절의 회상을 하게 됩니다. 1999년 고등학교 1학년이었던 천쉰은 같은 반 여자아이 펑후이를 좋아하고 연인사이로 발전하게 됩니다. 같은 대학을 가고고 약속을 했고, 천쉰은 그녀를 위해 수능에서 마지막 문제를 풀지 않으면서 같은 대학으로 가게됩니다. 그렇지만 천쉰은 인기가 많아서 자연스럽게 펑후이에게 소홀하게 되면서 그들에게 일어나는 상황을 과거와 현재를 넘나들면서 그들의 사랑과 우정을 그리고 있습니다.

〈총총나년〉에서 배울 수 있는 대사를 공부해볼까요?

❶ 在所有的记忆支离破碎之前，我还能够记得起什么呢？
Zài suǒyǒu de jìyì zhīlípòsuì zhī qián , wǒ hái nénggòu jìdé qǐ shénme ne ?

모든 기억이 산산조각 나기 전, 나는 여전히 무엇을 기억하고 있을까?

❷ 喜欢上一个人，只需要不到一秒钟的爽动。
Xǐhuan shàng yí ge rén , zhǐ xūyào búdào yì miǎo zhōng de shuǎngdòng.

누구를 좋아하려면 단지 1초도 안 되는 시간이면 충분하다.

❸ 这么多年过去了，我还一直记得他望向我的那一瞬间，
Zhème duō nián guòqù le , wǒ hái yìzhí jìdé tā wàng xiàng wǒ de nà yí shùnjiān,

我喜欢上了她。
wǒ xǐhuan shàng le tā.

이렇게 많은 시간이 지났지만, 나는 아직도 분명히 기억한다. 그녀가 나를 바라본 그 순간, 나는 그 아이를 좋아하게 되었다.

❹ 我一直以为所有的誓言都能够实现。
Wǒ yìzhí yǐwéi suǒyǒu de shìyán dōu nénggòu shíxiàn.

只要长大了，我们就能够永远在一起了。
Zhǐyào zhǎngdà le , wǒmen jiù nénggòu yǒngyuǎn zài yìqǐ le.

나는 줄곧 모든 맹세를 지킬 수 있을 거라 생각했다.
성인이 되기만 하면, 우리는 평생 같이 있을 수 있을 거라 생각했다.

단어

支离破碎 [zhīlípòsuì] 산산조각이 나다 | **实现** [shíxiàn] 실현되다

Chapter 7

연애

서로를 사랑하는 두 사람의 사이의 친밀감 관계를 연애라고 하죠. 연애에 관련된 말들은 참 많은데요. '제 눈에 안경이다', '짚신도 짝이 있다.' 등의 말들은 모두 연애에 관련된 것이지요. 이런 말들을 듣고 있다보면 남녀가 만나서 사랑을 하는 과정은 아름답게 느껴집니다. 우리 모두 지금 바로 내 옆에 있는 사람을 아껴주고 사랑합시다!

1. 我们是暧昧关系。 우리는 썸타는 관계야(썸남. 썸녀).
2. 她跟我搞拉锯战，在吊人胃口。
   그녀와 밀당해요. 그런데 그녀가 튕기고 있어요.
3. 我想你想得睡不着觉。당신만 생각하면 설레여서 잠이 안 와요.
4. 听你这么一说，我也想看了。너가 그렇게 말하니 나도 보고 싶네.
5. 天涯何处无芳草。짚신도 짝이 있다고 하죠.
6. 不管怎么样我支持到底。어찌 되었든 난 끝까지 네 편이야.
7. 我陪你，直到你满意为止。네가 만족할 때까지 같이 있을께.
8. 你多大鞋，我就多大脚。내가 너한테 다 맞출게.
9. 我俩简直是天生一对。당신과 저는 처음이자 마지막 천생연분이에요.
10. 梦中有我。내 꿈 꿔.

우리는 썸 타는 관계야.
(썸남, 썸녀)

我们是暧昧关系。
Wǒmen shì àimèi guānxi.

언제부터인지 모르겠지만 서로 알아가는 관계를 우리는 '썸을 탄다'라고 하는데요. 한동안 많은 사람에게 인기가 있었던 '썸'이라는 노래의 가사인데요.

*요즘따라 내꺼인 듯 내꺼 아닌 내꺼 같은 너
니꺼인 듯 니꺼 아닌 니꺼 같은 나
이게 무슨 사이인 건지 사실 헷갈려 무뚝뚝하게 굴지 마
연인인 듯 연인 아닌 연인 같은 너*

이 가사가 모든 것을 설명해주는 것 같네요.

알고 넘어가기

표현법

玩暧昧[wán àimèi]의 표현에 대해 알아보겠습니다.
신조어의 하나로 남녀 간의 태도가 명확하지 않고 애매한 관계를 말합니다.

暧昧男[àimèi nán] 썸 타는 남자
暧昧女[àimèi nǚ] 썸 타는 여자
和一个男生有暧昧。 Hé yí ge nánshēng yǒu àimèi.
한명의 남자와 썸 탑니다.

A: 你怎么认识她？她是我的好朋友。
Nǐ zěnme rènshi tā? Tā shì wǒ de hǎo péngyou.

B: 你何必特地来问我呢？直接问她不就可以了吗?
Nǐ hébì tèdì lái wèn wǒ ne? Zhíjiē wèn tā bú jiù kěyǐ le ma?

A: 她就是不肯说，你们到底是什么关系?
Tā jiùshì bù kěn shuō, nǐmen dàodǐ shì shénme guānxi?

B: 我们是暧昧关系。两人都还没有表白。
Wǒmen shì àimèi guānxi. Liǎngrén dōu hái méiyou biǎobái.

A: 你们认识了多久?
Nǐmen rènshi le duōjiǔ?

B: 玩暧昧很久了。也该趁机会表白了。
Wán àimèi hěn jiǔ le. Yě gāi chèn jīhuì biǎobái le.

A : 너 어떻게 그녀를 알아? 내 베스트프렌드거든.
B : (웃으면서)그걸 왜 나한테 물어? 직접 물어보면 되잖아.
A : 대답을 안 하던데? 도대체 무슨 관계야?
B : 우리는 썸 타고 있는데 아직 고백을 안 했어.
A : 얼마나 사귄 건데?
B : 썸 탄지는 얼마 안됐어. 기회를 봐서 고백하려고.

단어 认识[rènshi] 알다, 인식하다 | 何必[hébì] ~할 필요가 있는가 | 特地[tèdì] 특별히, 일부러
到底[dàodǐ] 도대체 | 暧昧[àimèi] 애매하다

자세히 알아보기

단어

究竟은 의문문에서는 **도대체**라는 의미입니다.

究竟(到底)怎么回事？ Jiūjìng(dàodǐ)zěnme huíshì？
도대체 어떻게 된 일이죠?

到底는 동사랑 붙어 **끝까지 …하다**의 의미도 있습니다.

我一定要把汉语学习到底。 Wǒ yídìng yào bǎ Hànyǔ xuéxí dàodǐ.
저는 반드시 중국어를 끝까지 공부할 겁니다.

究竟와 到底의 차이점.
到底는 究竟와 달리 **마침내**라는 의미도 있습니다.

这部电影我看了两遍，到底了解了。 Zhè bù diànyǐng wǒ kànle liǎng biàn，dàodǐ liǎojiě le.
이 영화는 두 번 봤는데 마침내 이해했어요.

쓰기 연습

我们是暧昧关系。

Wǒmen shì àimèi guānxi.

우리는 썸 타는 관계야.(썸남, 썸녀)

我们是暧昧关系。

02

저자 강의 MP3 ▶ 7-02-1

그녀와 밀당해요.
그런데 그녀가 튕기고 있어요.

她跟我搞拉锯战，
Tā gēn wǒ gǎo lājùzhàn,

在吊人胃口。
zài diàorén wèikǒu.

우리는 썸을 탈 때 약간의 기 싸움도 하곤 합니다. 인연이 된다는 것은 쉬운 일은 아닙니다. 사소한 것 때문에 헤어지기도 하고, 사소한 것 때문에 인연이 되기도 합니다. 그렇지만 그런 밀당을 하는 시간이 어찌보면 가장 설레이고 행복한 순간이죠.

알고 넘어가기

표현법

拉锯[lājù]의 사전적인 의미는 아래와 같습니다.

❶ (두 사람이) 톱질하다.
❷ 밀었다 당겼다 하다, 전진했다 후퇴했다 하다.

拉锯战[lājùzhàn] 일진일퇴의 싸움, 시소게임

欲擒故纵[yùqíngùzòng] 성어로서 (큰 것을)잡기 위해 일부러 놓아주다, 더욱 탄압하기 위해 고의로 풀어주다

不要跟我搞(玩)拉锯战。 Búyào gēn wǒ gǎo(wán)lājùzhàn.
저와 밀당하지 마세요.

不要跟我搞(玩)欲擒故纵。 Búyào gēn wǒ gǎo(wán)yùqíngùzòng.
저와 밀당하지 마세요.

대화문

Ⓐ : 你跟她谈恋爱吗？
Nǐ gēn tā tánliànài ma?

Ⓑ : 她跟我搞拉锯战，她只是在吊人胃口。
Tā gēn wǒ gǎo lājùzhàn, tā zhǐshì zài diàorén wèikǒu.

Ⓐ : 你是不是一个备胎？
Nǐ shìbushì yí ge bèitāi?

Ⓑ : 怎么可能？
Zěnme kěnéng?

Ⓐ : 她主动联系你吗？
Tā zhǔdòng liánxì nǐ ma?

Ⓑ : 她几乎不主动联系我。
Tā jīhū bù zhǔdòng liánxì wǒ.

Ⓐ : 너 그녀랑 연애하고 있어?
Ⓑ : 그녀랑 밀당 중인데, 그런데 그녀가 튕기고 있네.
Ⓐ : 너 어장관리 당하는 거 아니야?
Ⓑ : 설마 내가 어장관리겠어?
Ⓐ : 그녀가 적극적으로 연락을 하긴 해?
Ⓑ : 그녀는 적극적으로 나에게 연락하지 않는 것 같아.

단어 吊胃口 [diào wèikǒu] 식욕을 돋구다. 흥미나 욕망이 생기게 하다 | 备胎 [bèitāi] 스페어 타이어, 보험용 애인
主动 [zhǔdòng] 주동적인, 자발적인 | 几乎 [jīhū] 거의

자세히 알아보기

표현법

吊人胃口에 대해 알아보겠습니다.

吊人胃口는 어떤 일에 대해 흥미가 생기게 조바심이 나게 하는 것을 의미합니다.
吊胃口 '맛있는 음식으로 사람의 식욕을 자극하다'라는 의미인데 어떤 흥미와 욕구를 끌어내게 하다로도 사용을 합니다.

쓰기 연습

她跟我搞拉锯战，
Tā gēn wǒ gǎo lājùzhàn,

在吊人胃口。
zài diàorén wèikǒu.

그녀와 밀당해요. 그런데 그녀가 튕기고 있어요.

她跟我搞拉锯战，
在吊人胃口。

03 저자 강의 MP3 7-03-1

당신만 생각하면 설레여서 잠이 안 와요.

我想你想得睡不着觉。

Wǒ xiǎng nǐ xiǎng de shuìbuzháojiào.

연애를 하다 보면 애인과 만나서 한 것도 없이 참으로 시간만 빨리도 가고, 다음 날이면 또 만나자고 약속을 해놓고도 그렇게 다시 보고 싶게 되죠. 특별한 데이트도 아닌데 그냥 애인과 함께 했던 소소한 모든 일들을 생각만 하면 설레여서 잠이 안 오네요. 그게 바로 사랑에 빠졌다는 증거가 아닐까요?

알고 넘어가기

표현법

睡不着觉은 **잠을 이루지 못한다**는 의미입니다.
잠자리에 누워있지만 누군가가 보고 싶어서 혹은 억울한 일이 있어서 잠을 이루지 못하는 상황입니다.

不能睡觉의 경우는 **잠을 잘 수 없다**라는 의미로 잠을 잘 수 있는 상황이 아닌 것입니다. 잠자리의 상황이 더럽거나 어떤 일 때문에 잠을 잘 수 있는 상황이 될 수 없는 것입니다.

대화문 MP3 7-03-2

Ⓐ : 喂，睡觉了吗？
　　Wéi, shuìjiào le ma?

Ⓑ : 嗯，刚写完报告书，正准备入睡呢。
　　Èng, gāng xiě wán bàogàoshū, zhèng zhǔnbèi rùshuì ne.

Ⓐ : 哦，你这个大忙人，这么晚了还工作。
　　Ò, nǐ zhège dà mángrén, zhème wǎn le hái gōngzuò.

Ⓑ : 不这么拼命，怎么让你嫁给我呢。
　　Bú zhème pīnmìng, zěnme ràng nǐ jià gěi wǒ ne.

　　你呢？为什么还没睡？
　　Nǐ ne? Wèishénme hái méi shuì?

Ⓐ : 我想你想得睡不着觉。
　　Wǒ xiǎng nǐ xiǎng de shuìbùzháojiào.

Ⓑ : 快睡吧，过两天就是周末，
　　Kuài shuì ba, guò liǎngtiān jiùshì zhōumò,

　　到时候去济州岛好好儿玩玩儿吧。
　　dào shíhou qù Jìzhōudǎo hǎohāor wánwanr ba.

Ⓐ : 여보세요, 잤어?
Ⓑ : 응, 막 보고서 다 쓰고 자려고.
Ⓐ : 아, 완전 바쁜 사람이구나. 이렇게 늦었는데도 일을 하네.
Ⓑ : 이렇게 목숨을 걸지 않으면 어떻게 너보고 나한테 시집오라 하겠어. 넌? 왜 아직도 안 자고 있어?
Ⓐ : 너 생각에 잠도 못 자겠어.
Ⓑ : 얼른 자. 며칠 후면 주말이니 그때 제주도에 가서 마음껏 놀자.

단어 入睡 [rùshuì] 잠들다 | 拼命 [pīnmìng] 죽기 살기로 하다

자세히 알아보기

표현법

拼命이라는 표현에 대해 알아보겠습니다.

拼命은 죽기 살기로 하다라는 의미를 가집니다.
어떤 일을 함에 있어서 모든 방법과 수단을 써서 한다고 할 때 쓸 수 있는 표현입니다.

我要拼命地学习。 Wǒ yào pīnmìng de xuéxí.
저는 죽기 살기로 공부해야 합니다.

我要拼命地生活。 Wǒ yào pīnmìng de shēnghuó.
저는 죽기 살기로 생활할 겁니다.

쓰기 연습

我想你想得睡不着觉。
Wǒ xiǎng nǐ xiǎng de shuìbuzháojiào.

당신만 생각하면 설레여서 잠이 안와요.

我想你想得睡不着觉。

너가 그렇게 말하니 나도 보고 싶네.

听你这么一说,
Tīng nǐ zhème yì shuō,

我也想看了。
wǒ yě xiǎng kàn le.

바쁜 일상을 보내면서 자연스럽게 연락이 끊기는 사람들이 있습니다.
우연히 듣게 된 그 사람의 소식을 들으니 보고 싶다는 생각을 하게 되지만 긴 공백이 어색해져서 생각만 하다가 결국 연락하지 못하고 말았습니다.

알고 넘어가기

표현법

听你这么一说은 **너가 그렇게 말을 하니**라는 의미입니다.
상대방의 말을 근거로 추측을 하거나 판단을 할 때 쓸 수 있는 표현입니다. 본인은 아무런 생각이 없었는데 상대가 그런 말을 하고나니 본인의 마음도 그렇다라고 의미합니다.

7. 연애

Ⓐ : 你最近跟他联系了吗？
　　Nǐ zuìjìn gēn tā liánxì le ma?

Ⓑ : 我只打过电话，可没见面。想他吗？
　　Wǒ zhǐ dǎguo diànhuà, kě méi jiànmiàn. Xiǎng tā ma?

Ⓐ : 当然想他，我特别特别想他。很长时间没见面了。
　　Dāngrán xiǎng tā, wǒ tèbié tèbié xiǎng tā. Hěn cháng shíjiān méi jiànmiàn le.

Ⓑ : 听你这么一说，我也想见他了。
　　Tīng nǐ zhème yì shuō, wǒ yě xiǎng jiàn tā le.

Ⓐ : 说见就见吧，我们找个时间去他那儿吧。
　　Shuō jiàn jiù jiàn ba, wǒmen zhǎo ge shíjiān qù tā nàr ba.

Ⓑ : 好主意！就在这个月之内吧。
　　Hǎo zhǔyì! Jiù zài zhège yuè zhī nèi ba.

Ⓐ : 너 최근에 그 사람하고 연락해?
Ⓑ : 난 전화만 했지, 만나지 못했지. 왜 보고 싶어?
Ⓐ : 그렇지, 당연히 보고 싶지, 많이 보고 싶네. 진짜 오랫동안 못 봤잖아.
Ⓑ : 너가 그렇게 말하니 나도 보고 싶네.
Ⓐ : 우리 말 나온 김에 언제 시간 잡아서 만나요.
Ⓑ : 좋은 생각이야. 이번 달 안에 꼭 보자.

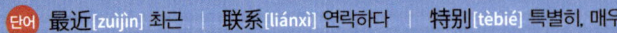

단어 　最近 [zuìjìn] 최근　｜　联系 [liánxì] 연락하다　｜　特别 [tèbié] 특별히, 매우

자세히 알아보기

단어

같은 발음, 다른 성조에 대해 알아보겠습니다.

주의하다, 조심하다라는 의미의 **注意**와 아이디어, 생각이라는 의미의 **主意**입니다. 발음뿐만 아니라 글자도 비슷하기 때문에 잘 숙지하여야 합니다. 또한 비슷하면서도 의미는 완전히 다르기 때문에 주의를 해야 합니다.

注意[zhùyì] 주의하다, 조심하다
主意[zhǔyì] 아이디어, 생각

쓰기 연습

听你这么一说,
Tīng nǐ zhème yì shuō,

我也想看了。
wǒ yě xiǎng kàn le.

너가 그렇게 말하니 나도 보고 싶네.

听你这么一说,
我也想见他了。

05 저자 강의 MP3 ▶ 7-05-1

짚신도 짝이 있다고 하죠.

天涯何处无芳草。
Tiānyá héchù wú fāngcǎo.

남녀가 만난다는 것은 지극히 자연스러운 일입니다. 그러나 요즘은 사랑만으로 살기엔 어렵고, 너무나 바쁜 세상에 살아가고 있습니다. 내가 좋아하는 사람이 있기도 하고, 나를 좋아해주는 사람도 있기 마련입니다. 사람이 사람의 마음을 얻는 것은 참 쉬운 일은 아니지만 어딘가에 나와 맞는 사람은 있겠지요.

알고 넘어가기

단어

天涯何处无芳草은 세상 어느 곳에 향기 나는 풀이 없겠느냐는 의미를 가지고 있습니다. 소동파의 시 〈蝶恋花〉의 한 구절인데, 짝사랑에 괴로워하는 사람에게 이 구절을 인용해 '**天涯何处无芳草, 何必单恋一枝花**'라고 표현을 할 수 있습니다. 비슷한 표현으로 **满街都是女人(男人)**。Mǎn jiē dōu shì nǚrén.(nánrén)로 표현할 수 있습니다. 길가에 깔린 것이 여자(남자)라는 의미입니다.

A: 听说你跟女朋友分手了。很难过吧。
Tīngshuō nǐ gēn nǚpéngyou fēnshǒu le. Hěn nánguò ba.

B: 她劈腿了。
Tā pǐtuǐ le.

A: 我不知道怎么安慰你。
Wǒ bù zhīdào zěnme ānwèi nǐ.

B: 她可是我的初恋啊。
Tā kě shì wǒ de chūliàn a.

A: 你开心点儿，好吗？天涯何处无芳草。
Nǐ kāixīn diǎnr, hǎo ma? Tiānyá héchù wú fāngcǎo.

B: 我不会再谈恋爱的。
Wǒ búhuì zài tánliàn' ài de.

A: 여자친구랑 헤어졌다고 들었어. 지금 많이 힘들겠네.
B: 여자친구가 바람피웠거든.
A: 내가 어떻게 말해야 할지 모르겠네.
B: 게다가 그 여자가 내 첫사랑이었어…
A: 힘 좀 내고, 짚신도 짝이 있다고 하잖아.
B: 난 더 이상 연애를 하고 싶지 않네.

단어 劈腿 [pǐtuǐ] 양다리를 걸치다, 바람을 피우다 | 初恋 [chūliàn] 첫사랑 | 天涯 [tiānyá] 하늘 끝
何处 [héchù] 어디, 어떤 장소 | 芳草 [fāngcǎo] 향기로운 풀

자세히 알아보기

표현법

劈腿은 여러 명을 동시에 사귀는 것을 의미합니다.

이와 비슷한 표현으로 **脚踏两只船**[jiǎo tà liǎng zhī chuán]은 **양 발로 배 두 척을 밟고 있다**는 의미입니다.

이전에는 **脚踏两只船**으로 표현을 했지만 요즘은 **劈腿**의 표현을 더 많이 사용하고 있습니다. **劈腿**의 다른 의미로는 (체조경기)다리 벌리기를 하다는 의미인데 의미가 확장하여 '양다리를 걸치다'라는 의미로 쓰이고 있습니다.

쓰기 연습

天涯何处无芳草。

Tiānyá héchù wú fāngcǎo.

짚신도 짝이 있다고 하죠.

天涯何处无芳草。

어찌 되었든 난 끝까지 네 편이야.

不管怎么样我支持到底。

Bùguǎn zěnmeyàng wǒ zhīchí dàodǐ.

가끔 우리는 누구를 위로해준다고 해놓고 이런저런 충고와 조언의 말을 쏟아 던질 때가 많은데요. 아마 그때에는 이런저런 충고와 조언보다는 그저 '맞아 맞아'라고 맞장구를 쳐주기를 바라는 것은 아니였을까 모르겠네요. 맞장구란 사실 특별한 것이 없습니다. 상대가 한 말을 잘 들어주고 대답만 잘 해준다면 그것이 가장 큰 지지가 될 수 있습니다.

알고 넘어가기

단어

怎么样은 어떠하다라는 의미로 술어로 쓰이고 상황을 나타낼 때 쓸 수 있습니다. 以为 觉得 등 동사의 목적어가 될 수 있으며 단독으로도 쓰일 수 있습니다.

今天天气怎么样? Jīntiān tiānqì zěnmeyàng?
오늘 날씨가 어떤가요?

你觉得这件衣服怎么样? Nǐ juéde zhè jiàn yīfu zěnmeyàng?
당신이 생각하기에 이 옷 어때요?

대화문

Ⓐ: 你今天怎么啦？心情不太好吗？
　　Nǐ jīntiān zěnme la? Xīnqíng bútài hǎo ma?

Ⓑ: 没有，就是身体有点不好。没有力气。
　　Méiyou, jiùshì shēntǐ yǒudiǎn bù hǎo. Méiyou lìqi.

Ⓐ: 你哪儿不舒服？不舒服就去医院吧。
　　Nǐ nǎr bù shūfu? Bù shūfu jiù qù yīyuàn ba.

Ⓑ: 做什么事都不顺利。真不甘心。
　　Zuò shénme shì dōu bú shùnlì. Zhēn bù gānxīn.

Ⓐ: 不管怎么样我会支持你到底。
　　Bùguǎn zěnmeyàng wǒ huì zhīchí nǐ dàodǐ.

Ⓑ: 听你的话，我真的很感动。
　　Tīng nǐ de huà, wǒ zhēnde hěn gǎndòng.

Ⓐ : 왜 그래? 오늘 기분 좋지 않은 일 있어?
Ⓑ : 아니야, 그냥 몸이 좋지 않아서. 그냥 힘이 없네.
Ⓐ : 어디가 불편한데? 안 좋으면 병원도 가고.
Ⓑ : 무슨 일을 하든지 잘 안 풀리네. 기분이 정말 꿀꿀해.
Ⓐ : 어찌되었든 난 끝까지 네 편이야. 파이팅!
Ⓑ : 너 말을 들으니 정말 감동이다.

단어 心情[xīnqíng] 기분 | 舒服[shūfu] 편하다 | 顺利[shùnlì] 순조롭다 | 甘心[gānxīn] 달가워하다
支持[zhīchí] 지지하다 | 感动[gǎndòng] 감동하다

자세히 알아보기

단어

不管과 尽管에 대해 알아보겠습니다.

不管[bùguǎn]은 **~에 관계없이, ~을 막론하고**라는 의미를 가집니다.
조건관계의 접속사로서 어떤 상황에서도 결과는 변하지 않는다는 것을 나타냅니다. **不管 뒤에는 보통 怎么, 什么如何, 谁, 多 등의 의문 대명사가 옵니다.**

尽管[jǐnguǎn]은 전환관계의 접속사로서 **비록~하더라도, ~에도 불구하고**의 의미를 가지는데 먼저 사실을 인정하고 다시 다른 상황을 나타냅니다. **尽管은 항상 这样, 那样과 함께 사용됩니다.** 뒤에 可是, 然而, 但是, 却, 还是 등이 같이 옵니다.

쓰기 연습

不管怎么样我支持到底。

Bùguǎn zěnmeyàng wǒ zhīchí dàodǐ.

어찌되었든 난 끝까지 네 편이야.

不管怎么样
我支持到底。

네가 만족할 때까지 같이 있을게.

我陪你，直到你满意为止。

Wǒ péi nǐ, zhídào nǐ mǎnyì wèizhǐ.

누군가를 축하 할 일이 있거나 위로할 일이 있을 때 같이 있다는 것은 많은 힘이 되어줍니다. 그에게 어떤 말을 하지 않아도 존재만으로 고마운 일이겠지요.

알고 넘어가기

표현법

为止의 표현에 대해 알아보겠습니다.

为止 ~을 끝으로 하다, ~까지이다의 의미를 가지고 있습니다.

今天的节目就到此为止。 Jīntiān de jiémù jiù dàocǐ wéizhǐ.
오늘은 프로그램은 여기까지입니다.

我们的关系就到为止吧。 Wǒmen de guānxì jiù dào wéizhǐ ba.
우리들은 관계는 바로 여기까지입니다.

今天的会议就到此为止吧。 Jīntiān de huìyì jiù dàocǐ wéizhǐ ba.
오늘의 회의는 여기까지입니다.

인간관계나, 시간, 회의 등 사람과 사물에 모두 사용 가능합니다.

A: 你今天有什么高兴的事吗?
Nǐ jīntiān yǒu shénme gāoxìng de shì ma?

B: 我考上大学了。而且是我最想去的那所大学。
Wǒ kǎoshàng dàxué le. Érqiě shì wǒ zuì xiǎng qù de nà suǒ dàxué.

A: 是吗? 恭喜恭喜，今天我一定陪你，
Shì ma? Gōngxi gōngxi, jīntiān wǒ yídìng péi nǐ,

直到你满意为止。
zhídào nǐ mǎnyì wéizhǐ.

B: 确定吗? 我很长时间没喝酒了，今天能喝酒吧?
Quèdìng ma? Wǒ hěn cháng shíjiān méi hējiǔ le, jīntiān néng hējiǔ ba?

A: 你想喝什么就喝什么。我请你。
Nǐ xiǎng hē shénme jiù hē shénme ba. Wǒ qǐng nǐ.

B: 好吧，今天就我来做主了。
Hǎo ba, jīntiān jiù wǒ lái zuòzhǔ le.

A : 너 오늘 무슨 기쁜 일 있어?
B : 나 대학에 합격했어. 정말 가고 싶었던 학교거든.
A : 그래? 정말 축하해. 네가 만족할 때까지 같이 있을게.
B : 정말? 오랫동안 술 안 마셨는데 오늘은 마셔도 되겠지?
A : 네가 마시고 싶은 것 마셔. 다 사줄게.
B : 좋아, 그럼 오늘은 내 마음대로 할게.

단어 高兴 [gāoxìng] 기쁘다 | 考上 [kǎoshàng] 시험에 합격하다 | 满意 [mǎnyì] 만족하다
确定 [quèdìng] 확정하다, 확실하다

자세히 알아보기

구문

A 동사 什么 就 B 동사 什么 : A 한대로 B 한다

有什么就吃什么。 Yǒu shénme jiù chī shénme.
있는 것을 먹는다(아무거나 먹다).

你说什么，我就做什么。 Nǐ shuō shénme, wǒ jiù zuò shénme.
말해봐요, 제가 다 해줄게요.

你喜欢什么，我就买什么。 Nǐ xǐhuan shénme, wǒ jiù mǎi shénme.
당신은 뭐 좋아해요? 제가 다 사줄게요.

쓰기 연습

我陪你，直到你满意为止。
Wǒ péi nǐ, zhídào nǐ mǎnyì wèizhǐ.

네가 만족할 때까지 같이 있을게.

我陪你，
直到你满意为止。

08 저자 강의 MP3 7-08-1

내가 너한테 다 맞출게.
你多大鞋，我就多大脚。
Nǐ duō dà xié, wǒ jiù duō dà jiǎo.

그런 사람 있지 않나요? 그 사람의 일이라면 무슨 일이 있더라도 꼭 해주고 싶은 사람! 아마 그게 사랑 아닐까요? "이렇게 내가 너한테 다 맞출게."라고 말하는 사람은 절대 놓치지 마세요.

알고 넘어가기

표현법

我就听你的。 Wǒ jiù tīng nǐ de.
바로 너 말 들을게라는 의미로 쓰입니다.

你就听我的。 Nǐ jiù tīng wǒ de.
내 말 들어줘라는 의미로 쓰입니다.
내가 무슨 일이 있을 때 내 이야기를 들어달라고 부탁을 할 때 사용할 수 있습니다.

7. 연애 239

Ⓐ : 能和你在一起我感到很幸福。
Néng hé nǐ zài yìqǐ wǒ gǎndào hěn xìngfú.

Ⓑ : 我也很幸福。咱们明天晚上一起吃饭，好吗?
Wǒ yě hěn xìngfú. Zánmen míngtiān wǎnshang yìqǐ chīfàn, hǎo ma?

Ⓐ : 明天? 怎么办? 明天有点儿紧。
Míngtiān? Zěnmebàn? Míngtiān yǒudiǎnr jǐn.

Ⓑ : 是吗? 那改天再找个时间吧。
Shì ma? Nà gǎitiān zài zhǎo ge shíjiān ba.

Ⓐ : 你多大鞋，我就多大脚，我依你。
Nǐ duō dà xié, wǒ jiù duō dà jiǎo, wǒ yī nǐ.

Ⓑ : 你这么说，我好感动啊!
Nǐ zhème shuō, wǒ hǎo gǎndòng a!

Ⓐ : 너랑 함께 있어서 난 정말 행복하다.
Ⓑ : 나도 행복해! 우리 내일 저녁에 같이 밥 먹자.
Ⓐ : 내일? 어떡하지? 내일은 내가 시간이 안 되는데.
Ⓑ : 그래? 그러면 다음에 다시 시간 잡아보자.
Ⓐ : 아니야, 내가 너한테 다 맞출게.
Ⓑ : 그렇게 말해주니 정말 감동이네.

 幸福 [xìngfú] 행복, 행복하다 | 感动 [gǎndòng] 감동하다

자세히 알아보기

표현법

紧张의 여러 가지 표현에 대해 알아보겠습니다.

紧张은 보통 심리적으로 긴장되다라는 의미를 가집니다.
또 다른 표현 방식으로는 시간이 안된다, 돈이 모자란다는 의미를 표현할 때도 쓸 수 있습니다. 누군가가 내일 만날 수 있냐고 물어볼 때, 내일 시간이 안된다라고 표현을 할 때 사용합니다.

我明天有点儿紧张。 Wǒ míngtiān yǒudiǎnr jǐnzhāng.
제가 내일은 좀 바빠요.

我最近有点儿紧张。 Wǒ zuìjìn yǒudiǎnr jǐnzhāng.
제가 최근에 좀 돈이 부족하네요.

쓰기 연습

你多大鞋，我就多大脚。

Nǐ duō dà xié, wǒ jiù duō dà jiǎo.

내가 너한테 다 맞출게.

你多大鞋，
我就多大脚。

09

저자 강의 MP3 ▶ 7-09-1

당신과 저는 처음이자 마지막 천생연분이에요.

我俩简直是天生一对。

Wǒ liǎ jiǎnzhí shì tiānshēng yíduì.

누군가를 만나고 헤어지면서 많은 감정을 느끼게 됩니다.
그 감정을 통해서 한 걸음 더 성장한 자신을 만날 수 있겠지요.
그런 과정을 겪다보면 어느 순간에 나도 모르는 사이에 평생의 반쪽을 찾아 함께 하고 있을 것입니다.

알고 넘어가기

단어

简直은 부사로서 **그야말로, 정말**이라는 의미를 가지며 과장의 말투를 가집니다.

표현법

天生一对는 **태어나면서부터 짝지어진 천생연분**을 의미합니다.

또 다른 표현으로 아래와 같이 표현할 수 있습니다.

我们很相配。 Wǒmen hěn xiāngpèi.
우리는 잘 어울립니다.

대화문 MP3 7-09-2

대화문

A: 你还记得我们第一次见面的那天吗?
Nǐ hái jìdé wǒmen dìyītiān jiànmiàn de nàtiān ma?

B: 当然记得。 那时你一看我就喜欢上了。
Dāngrán jìdé.　　Nàshí nǐ yí kàn wǒ jiù xǐhuan shàng le.

A: 对, 当时我确实是一见钟情。
Duì,　　dāngshí wǒ quèshí shì yíjiànzhōngqíng.

B: 其实, 我也和你一样, 第一眼就被迷上了。
Qíshí,　　wǒ yě hé nǐ yíyàng,　　dìyī yǎn jiù bèi míshàng le.

时间过得真快。
Shíjiān guò de zhēn kuài.

A: 我俩简直是天生一对。
Wǒ liǎ jiǎnzhí shì tiānshēng yíduì.

B: 你愿意嫁给我吗? 我向你求婚。
Nǐ yuànyì jià gěi wǒ ma?　　Wǒ xiàng nǐ qiúhūn.

A: 우리가 처음 만났을 때의 그날을 기억해?
B: 당연히 기억하지. 날 처음 보고 반했다며.
A: 맞아, 그때 분명히 첫눈에 반했지.
B: 사실, 나도 그때 그런 감정이었어. 시간 정말 빠르다.
A: 너랑 나는 처음이자 마지막 천생연분이야.
B: 나한테 시집올래? 프러포즈 하는 거야.

단어 记得 [jìdé] 기억하고 있다 | 一见钟情 [yíjiànzhōngqíng] 첫눈에 반하다 | 最后 [zuìhòu] 최후, 마지막
嫁 [jià] 시집가다

7. 연애　243

자세히 알아보기

표현법

一见钟情은 첫 눈에 반하다라는 의미를 가집니다.

我对她一见钟情，可是她说对我没感觉。
Wǒ duì tā yíjiànzhōngqíng, kěshì tā shuō duì wǒ méi gǎnjué.
그녀에게 첫 눈에 반했는데, 그런데 그녀는 나에게 느낌이 없다고 하네요.

嫁给我吗?에서 **嫁**는 시집오다라는 의미를 가집니다.
프로포즈할 때 쓸 수 있는 표현은 아래와 같습니다.

你愿意做我的妻子吗？ Nǐ yuànyì zuò wǒ de qīzi ma ?
당신 저의 아내가 되주시겠어요?

你嫁给我吧。 Nǐ jià gěi wǒ ba.
저한테 시집오세요.

쓰기 연습

我俩简直是天生一对。
Wǒ liǎ jiǎnzhí shì tiānshēng yíduì.

당신과 저는 처음이자 마지막 천생연분이에요.

我俩简直是天生一对。

내 꿈 꿔.

梦中有我。
Mèng zhōng yǒu wǒ.

헤어지기 아쉬워서 집 앞을 몇 번이고 돌고 돌아서 겨우 집까지 데려다 주면서 항상 마지막 인사는 '꿈에서 만나, 내 꿈 꿔.'라는 달콤한 말로 우리의 인사는 항상 그렇게 마무리 되었습니다. 그런데 그런 달콤한 말들이 줄어들더군요. 그래서 한 번은 농담으로 '내 꿈 꾸라고 요새 말 안해주더라?'라고 했더니 농담으로 '요즘은 내 꿈에 안 나오더라.'라더군요.

알고 넘어가기

표현법

做好梦。 Zuò hǎo mèng.
좋은 꿈 꾸세요.

梦中有我는 꿈 중에 내가 있다라는 의미를 가집니다.
예전에 '이 안에 너 있다'라는 드라마 대사가 유행하던 때가 있었는데요.
이와 비슷한 표현으로 이해를 하면 될 것 같습니다.

대화문 MP3 7-10-2

대화문

Ⓐ : 你为什么这么晚还不睡觉? 是不是又犯失眠了?
　　Nǐ wèishénme zhème wǎn bú shuìjiào? Shìbushì yòu fàn shīmián le?

Ⓑ : 没有，我有点儿事要做。
　　Méiyou, wǒ yǒudiǎnr shì yào zuò.

Ⓐ : 你赶紧做吧，我要睡觉了。
　　Nǐ gǎnjǐn zuò ba, wǒ yào shuìjiào le.

Ⓑ : 好好儿睡觉，梦中有我。
　　Hǎohāor shuìjiào, mèng zhōng yǒu wǒ.

Ⓐ : 白天还没缠够? 连在梦中也不想放过我啊?
　　Báitiān hái méi chán gòu? Lián zài mèng zhōng yě bùxiǎng fàngguo wǒ a?

Ⓑ : 哈哈，晚安!
　　Hāhā, wǎn'ān!

Ⓐ : 너 왜 이렇게 늦게까지 안 자? 너 요즘 또 불면증이야?
Ⓑ : 불면증은 아니고, 내가 해야 할 일이 있어서.
Ⓐ : 얼른 자, 나도 이제 자려고.
Ⓑ : 잘 자고, 내 꿈 꿔.
Ⓐ : 낮에도 충분히 붙어 있지 않았어? 꿈에서도 날 놓지 않고 싶구나.
Ⓑ : 하하, 굿나잇!

단어 这么[zhème] 이렇게 | 失眠[shīmián] 불면증에 걸리다 | 缠[chán] 휘감다, 달라붙다
晚安[wǎn'ān] 안녕히 주무세요, 굿나잇

자세히 알아보기

단어

为什么와 怎么에 대해 알아보겠습니다.

为什么 : 왜, 어째서(원인, 목적을 묻는다.)

你为什么这么高兴？ Nǐ wèishénme zhème gāoxìng?
뭐가 그렇게 즐겁나요?

怎么 : 어떻게, 어째서, 왜

❶ 방식 : 동사 앞에서 방식을 묻습니다.
这个字怎么写？ Zhège zì zěnme xiě?
이 글자 어떻게 써요?

❷ 원인 : 형용사, 일부 동사 앞에서 원인을 묻습니다.
这个怎么这么贵啊？ Zhège zěnme zhème guì a?
이것은 어떻게 이렇게 비싸나요?

쓰기 연습

梦中有我。

Mèng zhōng yǒu wǒ.

내 꿈 꿔.

梦中有我。

쉬어가기

중국 영화를 통해 배우는 영화 명대사 07

동탁적니
同桌的妳

2014년 개봉한 중국의 로맨스 영화입니다.
대만 영화 〈그 시절 우리가 좋아했던 소녀〉와 함께 중화권 대표 첫사랑 로맨스 영화입니다. 감독은 곽범(郭帆)으로 2011년 〈로스트 인 타임〉의 감독으로도 알려져 있으며, 주연은 저우동위(周冬雨)와 임경신(林更新)입니다.

동탁적니는 '짝꿍이었던 너'라는 의미를 가지며, 학창 시절의 첫사랑을 느끼고 싶은 사람들이 본다면 풋풋한 마음을 가질 수 있으며, 본 영화는 실제 실화를 바탕으로 만든 첫사랑 이야기입니다. 영화는 샤오즈에게 청첩장을 받은 린이는 욕을 하며 분노를 표출하면서 영화는 시작을 하며, 마지막에는 "여보세요? 잘 지내고 있니?"라는 독백의 대사로 영화는 끝나게 됩니다. 1993년 어느 여름날, 청순한 외모에 안경을 건 전학생 저우동위는 입학 첫날 만난 짝꿍은 제일 뒤 줄에 앉아있는 임경신이었습니다. 둘은 짝꿍으로 중학교, 고등학교, 대학교를 다니면서 청춘을 함께 하는데 어느 날 임경신은 저우동위를 보고 '언젠가 난 너를 데리고 우리 둘만 아는 곳으로 갈 거야.'라고 합니다. 그리고 10년이란 시간이 흐르고 영화는 그들의 이야기를 보여줍니다.

〈동탁적니〉에서 배울 수 있는 대사를 공부해볼까요?

❶ 要带我去一个只有我们两个人的地方吗?
Yào dài wǒ qù yí ge zhǐyǒu wǒmen liǎng ge rén de dìfang ma ?

나 데리고 우리 둘만 있는 곳으로 간다고 했잖아?

❷ 高考考砸了，一辈子也就砸了。
Gāokǎo kǎo zá le，yíbèizi yě jiù zá le.

대입 시험을 망치면, 인생을 망치는 겁니다.

❸ 我觉得这件事儿还让她自个儿拿主意。
Wǒ juéde zhè jiàn shìr hái ràng tā zìgèr ná zhǔyì

제 생각에 이 일은 그녀 스스로 결정해야 할 것 같은데요.

❹ 我不希望你因为我放弃这个好机会。
Wǒ bù xīwàng nǐ yīnwèi wǒ fàngqì zhège hǎo jīhuì.

나 때문에 네가 좋은 기회를 놓치게 하고 싶지 않아.

❺ 要不我背你吧，这样太慢了。
Yàobù wǒ bèi nǐ ba，zhèyàng tài màn le

이렇게 가면 너무 늦으니까, 내가 업어줄게.

단어

高考[gāokǎo] 대입시험 | **砸**[zá] 망치다 | **放弃**[fàngqì] 포기하다

Chapter 8

이별

사랑하는 사람과의 이별은 항상 힘듭니다. 헤어지는 이유는 모두가 다르겠지만 과정이 어찌되었든 이별의 순간은 언제나 극복하기 어려운 것 같습니다. 사랑으로 시작을 했지만 마무리는 항상 이별을 하고 맙니다. 이별보다 더 마음이 아픈 것은 이별마저 허락받지 못한 사랑입니다. 어쩔 수 없이 이별을 해야 한다면 마지막 순간만큼은 서로를 배려해야 하는 것은 아닌가 합니다.

1. 各走各的路吧。우리 서로 각자의 길을 가요.
2. 我到底哪儿得罪你了。도대체 내가 무엇을 잘못한 거니?
3. 我绝对不会缠着你的。절대로 너한테 집착하지 않을게.
4. 我们一刀两断吧。우리 깨끗이 헤어지자.
5. 我们有缘无份。우리는 인연이 아닌가 봐요.
6. 真让人心塞。정말 마음이 아파요.
7. 这是我为你做的最后一件事情。이게 너를 위해 할 수 있는 마지막이야.
8. 他已经飞出你的手心了。그는 이미 떠났어요.
9. 分手的当时我只想一个人静一静。
   이별 당시에는 혼자 있고 싶다는 생각뿐이었어.
10. 天下没有不散的宴席。헤어짐 없는 만남은 없어.

01

저자 강의 MP3 8-01-1

우리 서로 각자의 길을 가요.

各走各的路吧。

Gè zǒu gè de lù ba.

우리는 살면서 많은 인연을 맺으며 살고 있는데요. 우연한 만남이 긴 인연을 만나기도 하고, 사소한 오해로 인연을 끊으며 살기도 합니다. 이유가 어찌되었든 서로의 인연이 거기까지였을 겁니다. 그저 이별 통보를 받으면 그걸로 만남은 끝이 되어버리고 맙니다. 그렇지만 서로 가고자 하는 길이 다르다면 서로의 성공을 기원하며 각자 가는 길을 축복해주는 것도 방법이 아닐까 생각해봅니다. 이별이 아름다울 순 없지만 서로를 배려하는 마음이 헤어짐에도 존재해야 한다는 것을 느낍니다.

알고 넘어가기

단어

路는 **길**이라는 의미를 가집니다.

走路[zǒulù] 걷다
十字路口[shízì lùkǒu] 사거리
路口[lùkǒu] 길목, 교차로

또한 **路**는 버스 번호를 말할 때 '**번**'이라는 의미를 가집니다. 100번 이하의 버스 노선 번호를 말할 때는 일반적인 숫자 읽는 방법으로 말합니다.

예) 69번의 경우 : **六十九路**[liùshíjiǔ lù], 100번의 경우 : **一百路**[yì bǎi lù]

100번보다 큰 숫자의 버스 노선 번호를 답할 때는 일반적인 숫자 읽는 방법과 한 자리씩 단독으로 읽는 방법 모두 사용할 수 있습니다.

예) 108번의 경우 : **幺零八**[yāo líng bā] = **一百八路**[yì bǎi bā lù]

Ⓐ: 我们交往这么多年，也没少吵架吧?
Wǒmen jiāowǎng zhème duō nián, yě méi shǎo chǎojià ba?

Ⓑ: 你是什么意思?
Nǐ shì shénme yìsi?

Ⓐ: 我们还是分手吧。
Wǒmen háishi fēnshǒu ba.

Ⓑ: 你的意思是各走各的路吗?
Nǐ de yìsi shì gè zǒu gè de lù ma?

Ⓐ: 是，我想了很长时间。
Shì, wǒ xiǎngle hěn cháng shíjiān.

Ⓑ: 你再想一想，好吗? 我们在一起这么长时间，
Nǐ zài xiǎngyixiǎng, hǎo ma? Wǒmen zài yìqǐ zhème cháng shíjiān,

好的时候也很多啊。
hǎo de shíhou yě hěn duō a.

Ⓐ: 우리 오랜 시간 사귀었는데도 참 많이도 싸웠지?
Ⓑ: 무슨 의미야?
Ⓐ: 우리 아무래도 헤어지는 것이 좋을 것 같아.
Ⓑ: 네가 말하는 것은 서로 각자 길을 가자는 거지?
Ⓐ: 응, 나 오랜 시간동안 생각했어.
Ⓑ: 다시 한 번 생각해봐, 우리가 만난 시간이 짧지 않았고, 좋을 때도 많았지.

 交 [jiāo] 사귀다, 교류하다 | 吵架 [chǎojià] (말)싸움하다 | 分手 [fēnshǒu] 헤어지다

자세히 알아보기

구문

你再想一想의 문장에 대해서 알아보겠습니다.

동사 + 一 + 동사

중국어에서 중첩은 좀 ~해보다라는 의미를 가지면서 몇 가지 의미를 가집니다. 시도의 의미, 단시간의 의미, 완화의 어기, 가볍고 자유로운 느낌을 줄 수 있습니다.

쓰기 연습

各走各的路吧。

Gè zǒu gè de lù ba.

우리 서로 각자의 길을 가요.

各走各的路吧。

도대체 내가
무엇을 잘못한 거니?

我到底哪儿得罪你了。
Wǒ dàodǐ nǎr dézuì nǐ le.

상대의 마음이 내 맘 같지 않죠? 특히 남자와 여자는 서로 다른 성향을 가지고 있기 때문에 서로의 행동에 오해를 받는 경우가 있다고 합니다. 여자들은 과정을 중시한다면 남자들은 결과를 중시하기 때문에 서로 대화가 원활하게 이어지는 경우가 많지 않습니다. 그렇기 때문에 상대가 왜 기분이 안 좋은지 모를 경우가 생기기도 합니다.

알고 넘어가기

표현법

什么地方得罪你了? Shénme dìfang dézuì nǐ le?
어떤 점이 당신의 미움을 산 것인가요?

得罪는 죄를 얻다, 남의 미움을 사다라는 의미입니다.

대화문 MP3 8-02-2

Ⓐ : 真是说不到一块儿，我不想跟你说话了。
Zhēnshi shuōbudào yíkuàir, wǒ bùxiǎng gēn nǐ shuōhuà le.

Ⓑ : 我到底哪儿得罪你了。
Wǒ dàodǐ nǎr dézuì nǐ le.

Ⓐ : 你真的不知道吗? 你自己想想。
Nǐ zhēnde bù zhīdào ma? Nǐ zìjǐ xiǎngxiang.

Ⓑ : 你不说我怎么知道。
Nǐ bù shuō wǒ zěnme zhīdào.

Ⓐ : 我跟你说了很多次。
Wǒ gēn nǐ shuōle hěn duō cì.

Ⓑ : 你不会是在误会我什么吧?
Nǐ búhuì shì zài wùhuì wǒ shénme ba?

Ⓐ : 정말 말이 안 통한다. 너랑 말하고 싶지 않다.
Ⓑ : 도대체 내가 뭘 그렇게 잘못한 거야?
Ⓐ : 정말 모르겠어? 너 스스로 잘 생각해봐.
Ⓑ : 네가 말을 하지 않는데 어떻게 알아.
Ⓐ : 난 너한테 여러 번 말했어.
Ⓑ : 설마 나를 오해하는 건 아니지?

단어 一块儿 [yíkuàir] 함께 | 难道 [nándào] 설마~아니겠는가? | 误会 [wùhuì] 오해하다

자세히 알아보기

구문

真是说不到一块儿에서 **一块儿**은 동일한 곳, 같은 곳을 의미합니다.

'말이 같은 곳을 도달하지 않는다'라고 직역을 할 수 있습니다.

难道你不是误会我吗?에서 설마 …란 말인가? 설마 …하겠는가? 설마 …이겠어요? 설마 …는 아니겠지요? 주로 '吗'와 함께 쓰여 반어의 어기를 강조합니다.

쓰기 연습

我到底哪儿得罪你了。

Wǒ dàodǐ nǎr dézuì nǐ le.

도대체 내가 무엇을 잘못한 거니?

我到底哪儿得罪你了。

03 저자 강의 MP3 8-03-1

절대로 너한테 집착하지 않을게.

我绝对不会缠着你的。

Wǒ juéduì búhuì chánzhe nǐ de.

사랑하는 사람으로부터 이별통보를 받으면 헤어지는 것이 두렵다기보다는 그동안 했던 행동들이 다 거짓이라는 생각이 들면서 더 마음이 아팠습니다. 이별이 아픈 이유는 그리움 때문일 것이고, 그 사람의 추억 때문에 이별은 아프기 마련입니다. 절대로 집착하지 않을게라고 다시 한번 다짐을 하지만 사람의 인연은 마음먹은 대로 되진 않는 것 같습니다.

알고 넘어가기

구문

缠着에서 缠이라는 의미는 **휘감다, 얽매다, 달라붙다**입니다. **동사** + **着**은 동사의 지속을 나타냅니다.

我不能再缠着你了。 Wǒ bùnéng zài chánzhe nǐ le.
더 이상 당신을 귀찮게 하지 않을게요.

연애를 하고 난 후 앞으로 집착하거나 귀찮게 하지 않는다고 할 때 쓸 수 있는 표현입니다.

Ⓐ: 你相信我好吗？我还是爱你。
Nǐ xiāngxìn wǒ hǎo ma? Wǒ háishi ài nǐ.

Ⓑ: 如果有一天你喜欢上别人，你一定要告诉我。
Rúguǒ yǒu yìtiān nǐ xǐhuan shàng biérén, nǐ yídìng yào gàosu wǒ.

Ⓐ: 你到底在说什么？你为什么就不能相信我呢？
Nǐ dàodǐ zài shuō shénme? Nǐ wèishénme jiù bùnéng xiāngxìn wǒ ne?

Ⓑ: 我绝对不会缠着你的。这点你可以放一百个心。
Wǒ juéduì búhuì chánzhe nǐ de. Zhè diǎn nǐ kěyǐ fàng yì bǎi ge xīn.

Ⓐ: 你是要离开我吗？别离开我，我会做的更好。
Nǐ shì yào líkāi wǒ ma? Bié líkāi wǒ, wǒ huì zuò de gèng hǎo.

Ⓑ: 你让我怎么相信你？
Nǐ ràng wǒ zěnme xiāngxìn nǐ?

Ⓐ : 넌 나 믿어주면 안 돼? 난 아직도 널 사랑하고 있어.
Ⓑ : 만약에 어느 날 다른 사람을 좋아하게 되면, 꼭 나한테 알려줘.
Ⓐ : 너 도대체 무슨 말하는 거야? 왜 날 못 믿는 거야?
Ⓑ : 절대로 너한테 집착하지 않을게. 이 점은 안심해도 돼.
Ⓐ : 날 떠나려고 하는 거지? 날 떠나지마, 내가 더 잘할게.
Ⓑ : 내가 어떻게 널 믿어?

 告诉[gàosu] 알려주다 | 到底[dàodǐ] 도대체 | 缠[chán] 휘감다, 달라붙다, 치근덕거리다

자세히 알아보기

구문

喜欢은 **좋아하다**라는 의미를 가집니다.
어떤 사람을 좋아한다고 할 때, '喜欢 + 사람'의 형식으로 표현합니다.
喜欢上 + **사람** + **了**의 형식으로 사용되는 경우가 있는데, **어떤 사람을 좋아하다**라는 의미가 됩니다.

쓰기 연습

我绝对不会缠着你的。

Wǒ juéduì búhuì chánzhe nǐ de.

절대로 너한테 집착하지 않을게.

我绝对不会缠着你的。

우리 깨끗이 헤어지자.
我们一刀两断吧。
Wǒmen yìdāoliǎngduàn ba.

만나다 보면 서로 의견이 맞지 않아서 다투기도 하고, 심지어는 헤어지는 상황까지 가기도 합니다. 헤어지는 이유는 다양하겠지만 그 사람의 장점 때문에 사랑을 했지만 그 사람의 장점 때문에 이별을 하기도 하는 경우도 있습니다. 대체 무엇이 변한 것일까요.

알고 넘어가기

표현법

一刀两断 : 한칼에 두 동강을 내다, 단호하게 관계를 끊다

我跟他一刀两断了。 Wǒ gēn tā yìdāoliǎngduàn le.
저는 그와 깨끗이 끝냈습니다.

他毫不犹豫地一刀两断。 Tā háobù yóuyù de yìdāoliǎngduàn.
그는 조금도 머뭇거리지 않고 단칼에 관계를 끊었습니다.

A: 我们一刀两断吧。
Wǒmen yìdāoliǎngduàn ba.

B: 你为什么要跟我分手？我什么地方得罪你了。
Nǐ wèishénme yào gēn wǒ fēnshǒu?　Wǒ shénme dìfang dézuì nǐ le.

A: 怎么说呢，我就是对你没那种感觉。
Zěnme shuō ne,　wǒ jiùshì duì nǐ méi nà zhǒng gǎnjué.

B: 可是我真的离不开你。你再想一想，好吗？
Kěshì wǒ zhēnde líbukāi nǐ.　Nǐ zài xiǎngyixiǎng,　hǎo ma?

A: 对不起，我们还是分手吧。
Duìbuqǐ,　wǒmen háishi fēnshǒu ba.

B: 我问你最后一个问题。你爱过我吗？
Wǒ wèn nǐ zuìhòu yí ge wèntí.　Nǐ àiguo wǒ ma?

A: 우리 깨끗이 헤어지자. 그냥 친구로 지내자.
B: 넌 왜 나랑 헤어지려고 해? 내가 뭘 잘못한 게 있어?
A: 어떻게 말해야 할까, 내가 너한테 느낌이 없어.
B: 그렇지만 난 정말 헤어지고 싶지 않아. 다시 한 번 생각해볼래?
A: 미안해, 우리 헤어지자.
B: 마지막으로 하나만 물을게, 넌 나 사랑하긴 했어?

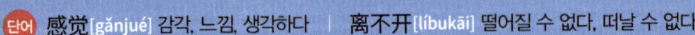

단어 感觉 [gǎnjué] 감각, 느낌, 생각하다 ｜ 离不开 [líbukāi] 떨어질 수 없다, 떠날 수 없다

자세히 알아보기

구문

想了半天에 대해 알아보겠습니다.

> **동사 + 시량보어 : 동사 뒤에서 동작이 지속된 시간**

想了半天。 xiǎngle bàntiān.
한참동안 생각했습니다.

목적어(명사, 대명사, 인명/지명)가 있을 때입니다.

> **동사 + 명사 + 동사 + 시량보어 = 동사 + 시량보어(的) + 명사**

我坐车坐了两个小时。 = 我坐了两个小时的车。
Wǒ zuòchē zuòle liǎng ge xiǎoshí. = Wǒ zuòle liǎng ge xiǎoshí de chē.
저는 차를 두 시간 동안 탔습니다.

쓰기 연습

我们一刀两断吧。
Wǒmen yìdāoliǎngduàn ba.
우리 깨끗이 헤어지자.

我们一刀两断吧。

05

우리는 인연이 아닌가 봐요.

我们有缘无份。

Wǒmen yǒuyuán wúfèn.

"내가 좋아하는 사람이 나를 좋아해주는 건 기적이란다." 어린왕자 책에서 나온 구절입니다. 내가 좋아하는 사람이 나를 좋아해주는 것은 기적과도 같은 일입니다. 서로 호감을 가지고 만나지만 연인 사이까지 가기가 힘들 때가 많습니다. 그러면 둘의 인연은 거기까지인 것입니다. 인연을 맺기는 쉽지가 않습니다.

알고 넘어가기

표현법

有缘无份은 주로 남녀사이에서 많이 쓰입니다. **인연은 있지만 연인의 관계까지 갈 수는 없다**는 의미로 쓰이기도 합니다. 혹은 '인연은 여기까지다'라는 의미도 가집니다. 남녀 간에 헤어질 때 표현을 할 수도 있고, 썸 타는 관계에서 연인의 관계까지 갈 수 없을 때 표현할 수 있습니다.

A : 你不是说我们会一辈子在一起吗？
Nǐ búshì shuō wǒmen huì yíbèizi zài yìqǐ ma?

B : 真的很对不起，都是我不好。
Zhēnde hěn duìbuqǐ, dōushì wǒ bù hǎo.

A : 想分就分吧，谁稀罕。我也不是死缠着不放的人。
Xiǎng fēn jiù fēn ba, sheí xīhan. Wǒ yě búshì sǐchánzhe bú fàng de rén.

B : 别这么说，也许是我们有缘无份吧。
Bié zhème shuō, yěxǔ shì wǒmen yǒuyuán wúfèn ba.

A : 别说得这么好听，难道这不是你一直想要的结局？
Bié shuō de zhème hǎotīng, nándào zhè búshì nǐ yìzhí xiǎng yào de jiéjú?

B : 真的很对不起。
Zhēnde hěn duìbuqǐ.

A : 우리 평생 같이 하자고 하지 않았어?
B : 정말 미안해, 모두 내 잘못이야.
A : 헤어지고 싶으면 헤어져, 누가 아쉬워. 나도 죽자 살자 잡지 않아.
B : 이렇게 말하지 마, 아마도 우리는 인연이 아닌가 보네.
A : 그렇게 좋게 포장하지 마, 설마 네가 바라는 결말이 이거 아니야?
B : 정말로 미안해.

 一辈子 [yíbèizi] 한평생 | 稀罕 [xīhan] 희한하다, 소중히 여기다 | 结局 [jiéjú] 결말

자세히 알아보기

표현법

想分就分吧에 대해 알아보겠습니다.

想 + 동사 + 就 + 동사 + 吧 : 동사하고 싶으면 바로 동사해라

想说就说吧。 Xiǎng shuō jiù shuō ba.
말하고 싶으면 말하세요.

想吃就吃吧。 Xiǎng chī jiù chī ba.
먹고 싶으면 먹어요.

쓰기 연습

我们有缘无份。

Wǒmen yǒuyuán wúfèn.

우리는 인연이 아닌가 봐요.

我们有缘无份。

정말 마음이 아파요.

真让人心塞。

Zhēn ràng rén xīnsāi.

살다 보면 남들이 볼 때는 별 것 아닌 것도 본인의 문제에 있어서 그 어떤 것보다 힘든 상황일 수 있어요. '너보다 더 못한 사람도 있는데 무얼 그것 가지고 힘들어 하냐.'라는 말은 상대를 이해하지 못한 무책임한 말처럼 들리기도 하는데요. 모든 일이란 상황에 따라서 입장에 따라서 남들이 작은 일로 본다고 해도 그 사람에게 매우 중요한 문제일 수도 있습니다. 누군가가 아파한다면 조언을 하기보다는 그에게 공감을 표시하고 위로를 해주는 것은 어떨까요?

알고 넘어가기

단어

心塞에 대해 알아보겠습니다.

心肌梗塞[xīnjīgěngsè]를 줄여서 心塞라고 합니다. 심장마비를 의미하지만 어떠한 사람 때문에 너무 힘들고 부정적인 느낌을 쓸 때 사용합니다. 塞는 음과 뜻이 두 가지인 한자인데 중국에서 se와 sai로 발음합니다. sai로 사용할 경우 '막히다.'라는 의미를 가집니다.

대화문

Ⓐ : 你的脸色这么不好。
　　Nǐ de liǎnsè zhème bù hǎo.

Ⓑ : 真让人心塞。最近有很多的烦恼。
　　Zhēn ràng rén xīnsāi.　Zuìjìn yǒu hěn duō de fánnǎo.

Ⓐ : 说给我听听吧，也许能帮得上忙。
　　Shuō gěi wǒ tīngting ba,　yěxǔ néng bāngdeshàng máng.

Ⓑ : 说来话长。
　　Shuō lái huà cháng.

Ⓐ : 你不要拐弯抹角的，你就直说吧。我有的是时间。
　　Nǐ búyào guǎiwānmòjiǎo de.　Nǐ jiù zhí shuō ba.　Wǒ yǒu de shì shíjiān.

Ⓑ : 我跟你说，你一定帮我保密。
　　Wǒ gēn nǐ shuō,　nǐ yídìng bāng wǒ bǎomì.

Ⓐ : 안색이 안 좋은 것 같은데요.
Ⓑ : 정말 마음이 아파요. 요즘 고민이 너무 많아서요.
Ⓐ : 제게 말해봐요. 제가 도울 수 있는 것이 있을 수 있잖아요.
Ⓑ : 어휴, 말하자면 길어요.
Ⓐ : 빙빙 돌리지 마시고 솔직히 말하세요. 있는 건 시간밖에 없어요.
Ⓑ : 그럼 말할 테니 비밀을 꼭 지켜주세요.

단어 脸色[liǎnsè] 안색 ｜ 心塞[xīnsāi] 가슴이 막히다, 마음이 아프다
拐弯抹角[guǎiwānmòjiǎo] 이리저리 돌아가다, 빙빙 돌아가다 ｜ 保密[bǎomì] 비밀

자세히 알아보기

표현법

说来话长은 **말하자면 길다**라는 의미입니다.
说来은 말하기 시작하면이라는 의미이고, 话长은 말이 길다는 의미입니다.

拐弯抹角은 구불구불한 길을 따라가다, 이리저리 돌아가다, 빙빙 돌아가다라는 의미로 말을 빙빙 돌려서 이야기할 때 표현할 수 있습니다.

쓰기 연습

真让人心塞。

Zhēn ràng rén xīnsāi.

정말 마음이 아파요.

真让人心塞。

07

저자 강의 MP3 8-07-1

이게 너를 위해 할 수 있는 마지막이야.

这是我为你做的最后一件事情。

Zhè shì wǒ wèi nǐ zuò de zuìhòu yí jiàn shìqíng.

누군가를 위해서 무엇을 해준다는 것은 참 행복한 일입니다. 그것을 받아주는 사람이 있다는 것만으로도 행복을 느낄 수 있습니다. 그렇게 사랑했던 사람과 헤어지는 순간에도 그를 위해 무엇을 할 수 있다는 것이 진정한 사랑일 것입니다.

알고 넘어가기

단어

最后에 대해 알아보겠습니다.

最后은 **마지막**이라는 의미입니다.

最后一次 Zuìhòu yícì
마지막 한번

第一次也是最后一次 Dì-yīcì yěshì zuìhòu yícì.
처음이자 마지막

대화문

Ⓐ : 刚才说什么了？我没听清楚。
　　 Gāngcái shuō shénme le?　Wǒ méi tīng qīngchu.

Ⓑ : 你要的东西我都准备好了。
　　 Nǐ yào de dōngxi wǒ dōu zhǔnbèi hǎo le.

Ⓐ : 真的？太谢谢你了。
　　 Zhēnde?　Tài xièxie nǐ le.

Ⓑ : 这是我为你做的最后一件事情了。
　　 Zhè shì wǒ wèi nǐ zuò de zuìhòu yíjiàn shìqíng le.

Ⓐ : 你这是什么话？你要离开这里吗？
　　 Nǐ zhè shì shénme huà?　Nǐ yào líkāi zhèli ma?

Ⓑ : 我承认我很喜欢你，但我又不想让你有负担。
　　 Wǒ chéngrèn wǒ hěn xǐhuan nǐ,　dàn wǒ yòu bùxiǎng ràng nǐ yǒu fùdān.

　　 所以...
　　 Suǒyǐ...

Ⓐ : 방금 뭐라고 했죠? 정확히 못 들었어요.
Ⓑ : 원하시는 것은 제가 다 준비했어요.
Ⓐ : 정말요? 정말 고맙습니다.
Ⓑ : 이게 당신을 위해 할 수 있는 마지막이에요.
Ⓐ : 무슨 말이죠? 이곳을 떠나려고요?
Ⓑ : 저는 당신을 좋아하는 것을 인정하지만 당신에게 부담을 줄 수 없네요. 그래서...

단어　清楚 [qīngchu] 명확하다, 이해하다　｜　准备 [zhǔnbèi] 준비하다　｜　承认 [chéngrèn] 인정하다, 시인하다
　　　 负担 [fùdān] 부담

자세히 알아보기

문법

刚(부사) : 동사 앞에 놓인다

동작이 발생한지 얼마 되지 않았음, 좁은 범위의 시간사를 쓸 수 있습니다. 뒤에 부정을 쓸 수 없습니다.

我刚来。(O)
上午, 我刚来。(O) 시간사 사용 가능

刚才(명사) : 동작이 완료된 지 얼마 되지 않았다

시간명사, 주어 앞이나 뒤에, 시간의 범위가 다소 넓습니다.

刚才我来了。(O)
我刚才来的。(O)

쓰기 연습

这是我为你做的最后一件事情。

Zhè shì wǒ wèi nǐ zuò de zuìhòu yí jiàn shìqíng.

이게 너를 위해 할 수 있는 마지막이야.

这是我为你做的最后一件事情。

그는 이미 떠났어요.
他已经飞出你的手心了。
Tā yǐjīng fēi chū nǐ de shǒuxīn le.

많은 사람들이 이별을 하고 힘들어하는 이유는 그 상황을 인정하지 못하기 때문입니다. 힘들 때는 힘들다 이야기하고 현실을 인정을 해야 마음이 편해집니다. 잊고 싶다고 잊을 수 있고 멈추고 싶다고 해서 멈출 수가 있다면 사랑에 아파할 사람은 없을 것입니다. 분명히 힘든 시간들이겠지만 그 시간들이 내가 살아가는데 더 큰 힘이 될 수 있기 때문입니다. 힘들었기 때문에 또한 행복해질 수 있다고 믿고 있습니다.

알고 넘어가기

표현법

手心은 손바닥의 중앙이라는 의미를 가집니다.
手心手背은 손바닥과 손등을 의미합니다.
본 표현에서는 **수중, 손아귀, 장악**이라는 의미를 가집니다.

你再怎么跳，也跳不出他的手心儿。 Nǐ zài zěnme tiào, yě tiào bù chū tā de shǒuxīnr.
당신은 아무리 뛰어봤자 그의 손바닥 안을 못 벗어나지 못해요.

A: 我又单身了。
Wǒ yòu dānshēn le

B: 你还想他吗?
Nǐ hái xiǎng tā ma?

A: 想啊。每天晚上都很晚才能睡着。
Xiǎng a. Měitiān wǎnshang dōu hěn wǎn cái néng shuìzháo.

B: 他已经飞出你的手心了。
Tā yǐjīng fēi chū nǐ de shǒuxīn le.
已经过去的事情就让它过去吧。
Yǐjīng guòqù de shìqíng jiù ràng tā guòqù ba.

A: 我觉得爱情也有保质期。很不容易。
Wǒ juéde àiqíng yě yǒu bǎozhìqī. Hěn bù róngyì.

B: 你开心点儿好吗? 我是不会离开你的。
Nǐ kāixīn diǎnr hǎo ma? Wǒ shì búhuì líkāi nǐ de.

A: 나 또 솔로로 돌아왔어.
B: 너 아직도 그 사람이 보고 싶어?
A: 보고 싶지, 매일 저녁에 늦게 잠 들어.
B: 그 사람은 이미 널 떠났어. 이미 지난 일이니 그만 잊어.
A: 내 생각에는 사랑도 보증기간이 있다고 생각하거든. 쉽지가 않네.
B: 좀 힘 좀 내고 응? 난 널 떠나지 않을 거야.

단어 单身 [dānshēn] 솔로, 독신 | 爱情 [àiqíng] 애정 | 保质期 [bǎozhìqī] 보증기간 | 开心 [kāixīn] 기쁘다, 즐겁다
加油 [jiāyóu] 힘을 내다, 파이팅

자세히 알아보기

표현법

恢复单身는 **솔로로 돌아왔다**라는 의미입니다.
恢单으로 줄여서 표현하기도 합니다.

爱情也有保质期은 **사랑에도 보증기간이 있다**라는 의미입니다.
开心点儿好吗?에서 开心은 즐겁다, 기분을 풀다라는 의미를 가집니다.
기분 좀 풀어라는 의미를 가집니다.

쓰기 연습

他已经飞出你的手心了。

Tā yǐjīng fēi chū nǐ de shǒuxīn le.

그는 이미 떠났어요.

他已经飞出
你的手心了。

09

저자 강의 MP3 8-09-1

이별 당시에는 혼자 있고 싶다는 생각뿐이었어.

分手的当时我只想一个人静一静。

Fēnshǒu de dāngshí wǒ zhǐ xiǎng yí ge rén jìngyijìng.

사랑하는 사람과 헤어졌을 때의 상실감이란 그 어떤 말로도 위로가 되진 않을 겁니다. 이별이 힘든 이유는 그리움 때문이겠지만 가장 힘든 것은 그 사람과의 추억 때문이겠지요. 이별의 순간은 항상 힘들지만 용기를 내고 지금 가고 있는 길, 묵묵히 계속 가요. 그러면 언젠가는 좋은 일이 올거에요.

알고 넘어가기

단어

静에 대해 알아보겠습니다.

静은 **가만히 있다, 조용하다**라는 의미입니다.
静一静은 **좀 조용히 하다**라는 의미를 가집니다.

现在让我一个人静一静。 Xiànzài ràng wǒ yí ge rén jìngyijìng.
지금 저를 내버려 두세요.

대화문 MP3 8-09-2

A: 小娜她那么贤惠，你为什么和她分手？
Xiǎonà tā nàme xiánhuì, nǐ wèishénme hé tā fēnshǒu?

B: 你就别提了，当时我刚开始上班，压力很大。
Nǐ jiù bié tí le, dāngshí wǒ gāng kāishǐ shàngbān, yālì hěn dà.

A: 这就是你们分手的理由？
Zhè jiùshì nǐmen fēnshǒu de lǐyóu?

B: 嗯，当时几乎没有时间陪她玩儿，
Èng, dāngshí jīhū méiyou shíjiān péi tā wánr,

她就提出了和我分手。
tā jiù tíchūle hé wǒ fēnshǒu.

A: 哎，你怎么这么糊涂，她那不是一时冲动吗？
Āi, nǐ zěnme zhème hútu, tā nà búshì yì shí chōngdòng ma?

你又不是不知道。
Nǐ yòu búshì bù zhīdào.

B: 知道，可是分手的当时我只想一个人静一静。
Zhīdào, kěshì fēnshǒu de dāngshí wǒ zhǐ xiǎng yí ge rén jìngyijìng.

A: 시아오나는 그렇게 현명하고 착한데 왜 그녀랑 헤어졌어?
B: 말도 마, 그땐 난 막 취직을 해서 스트레스가 많았어.
A: 그게 바로 헤어진 이유야?
B: 응, 그때 시간이 없어서 거의 같이 있지 못했거든, 그녀가 헤어지자고 하더라.
A: 이구, 넌 왜 이리 멍청하냐. 그녀는 그냥 충동적이었던 것 아니야? 네가 모르는 것도 아니고.
B: 알지, 그런데 헤어질 그땐 그냥 혼자 있고 싶다는 생각이었어.

단어 贤惠[xiánhuì] 어질고 총명하다 | 糊涂[hútu] 어리석다, 멍청하다

자세히 알아보기

단어

缓解压力의 의미는 **스트레스를 풀다**입니다.
压力[yālì]의 경우는 한자어로 읽을 경우 '압력'이라는 의미이지만 중국어로는 '스트레스'라는 의미를 가집니다.

消除[xiāochú], 减少[jiǎnshǎo]
消除压力, 减少压力

쓰기 연습

分手的当时我只想一个人静一静。

Fēnshǒu de dāngshí wǒ zhǐ xiǎng yí ge rén jìngyijìng.

이별 당시에는 혼자 있고 싶다는 생각뿐이었어.

分手的当时我只想一个人静一静。

헤어짐 없는 만남은 없어.
天下没有不散的宴席。
Tiānxià méiyou bú sàn de yànxí.

會者定離(회자정리), 去者必返(거자필반), 生者必滅(생자필멸) 들어보신 적 있으신가요? '만나면 언젠가는 헤어지고, 간 사람은 반드시 돌아올 것이고, 태어난 것은 반드시 죽는다.'라는 말입니다. 이처럼 인간사라는 것이 만나고 헤어지는 것이 당연한 것입니다.

알고 넘어가기

표현법

天下没有不散的宴席는 **하늘 아래 끝나지 않는 연회는 없다**라는 의미입니다. 결국은 '만남이 있으면 헤어짐이 있다'라는 표현으로 누군가와 헤어지는 상황에서 표현을 할 수 있습니다.

대화문 MP3 8-10-2

대화문

Ⓐ: 时间过得真快。
　　Shíjiān guò de zhēn kuài.

Ⓑ: 可不是嘛！我们认识了五年了。
　　Kě búshì ma!　　Wǒmen rènshi le wǔ nián le.

Ⓐ: 我真的舍不得离开北京。
　　Wǒ zhēnde shěbudé líkāi Běijīng.

Ⓑ: 天下没有不散的宴席。人生就是这样嘛！
　　Tiānxià méiyou bú sàn de yànxí.　　Rénshēng jiùshì zhèyàng ma!

Ⓐ: 我在北京呆的五年，恍如昨日。
　　Wǒ zài Běijīng dāile wǔ nián le,　　huǎngrú zuórì.

Ⓑ: 不管你在不在北京，你都是我的好哥们儿。
　　Bùguǎn nǐ zàibuzài Běijīng,　　nǐ dōushì wǒ de hǎo gēmenr.

Ⓐ: 시간이 정말 빠르게 가네요.
Ⓑ: 그러게요! 우리가 알고 지낸지도 벌써 5년이네요.
Ⓐ: 저는 정말로 베이징을 떠나기가 쉽지 않네요.
Ⓑ: 헤어짐 없는 만남은 없잖아요. 인생이 그런거죠.
Ⓐ: 저는 베이징에서 5년 살았는데, 마치 어제 일 같네요.
Ⓑ: 당신이 베이징에 있든 없든, 당신은 저의 형제 같은 친구입니다.

단어 舍不得[shěbudé] 헤어지기 섭섭하다, 미련이 남다 | 离开[líkāi] 떠나다 | 宴席[yànxí] 연회석
呆[dāi] 머물다 | 恍如[huǎngrú] 마치 ~인 것 같다

자세히 알아보기

단어

舍不得 : (~하는 것을) 안타까워하다, 아쉬워하다
무슨 일을 진행함에 있어 미련이 남고 안타까움을 나타낼 때 표현합니다.

我舍不得你走。 Wǒ shěbudé nǐ zǒu.
저는 당신을 떠나는 것이 아쉽습니다.

好像~似的 : 마치 ~인 듯하다

他好像对你有什么意见似的。 Tā hǎoxiàng duì nǐ yǒu shénme yìjiàn sìde.
그는 당신에게 무슨 의견이 있는 것 같습니다.

쓰기 연습

天下没有不散的宴席。

Tiānxià méiyou bú sàn de yànxí.

헤어짐 없는 만남은 없어.

天下没有不散的宴席。

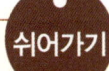

중국 영화를 통해 배우는 영화 명대사 08

황금시대
黄金时代

2014년 개봉된 영화로 감독은 허안화(许鞍華)며, 탕웨이(汤唯), 펑샤오펑(冯绍峰)등이 주연한 영화입니다.

격동의 시기에 여러 남자와 사랑을 하고 버림을 받았던 천재 여류작가 샤오훙의 이야기를 다루고 있는데, 서른 한 살의 젊은 나이에 요절한 샤오훙은 많은 작품을 남기고 떠났습니다. 그녀의 고달팠던 자신의 삶을 영화를 통해 우리에게 보여주었습니다.

당대를 대표하는 루쉰은 샤오훙의 정신적 지주 역할을 해주었고, 아무것도 꿈 꿀 수 없었던 현실에서 미래를 개척해 나갈 수 있도록 해주었습니다. 그녀가 바라던 황금시대는 어떤 걱정거리도 없이 글을 쓰는 것이 그녀가 추구하는 삶이었는데 그런 목표를 가지고 떠난 일본 유학에서 그녀는 먹고 사는 문제없이 글을 쓸 수 있었지만 바라고 있던 황금시대는 아니었습니다. 삶의 고통, 사랑의 아픔을 이겨나가는 곳이 바로 문학이라는 것을 느끼는 장면에서는 서글픈 마음까지 들게 하였습니다. 그녀가 바라는 황금시대는 이상적인 삶이 아니라 삶의 고된 여정 속에 있었습니다. 영화에서 샤오훙은 우리에게 '우리의 황금시대는 어제이고, 오늘이며, 내일도 계속되는 삶의 여정 모두입니다'라는 메시지를 주는 영화입니다.

〈황금시대〉에서 배울 수 있는 대사를 공부해볼까요?

❶ 我是从祖父那里知道，人生除掉冰冷和憎恶以外，还有爱和温暖。
Wǒ shì cóng zǔfù nàli zhīdào, rénshēng chúdiào bīnglěng hé zēngè yǐwài, háiyǒu ài hé wēnnuǎn.

난 할아버지를 통해 인생에는 차가움과 증오 이외에도 사랑과 따뜻함이 있음을 알게 되었어.

❷ 其实一个人的死是必然的，但知道那道理是道理,
Qíshí yí ge rén de sǐ shì bìrán de, dàn zhīdào nà dàolǐ shì dàolǐ,

情感上就总不行。
qínggǎn shàng jiù zǒng bù xíng.

사실 사람의 죽음은 필연적인 것이라서 머리로는 이해하면서도 감정적으로는 못 받아들이겠어.

❸ 风，，霜，雨，雪，受得住的就过去了,
Fēng,shuāng,yǔ,xuě, shòudezhù de jiù guòqù le,

受不住的 就寻求了自然的结果。
shòubuzhù de jiù xúnqiúle zìrán de jiéguǒ.

바람, 서리, 비, 눈을 버틴 것들은 이 세상에 남겨졌고, 못 버틴 것은 자연의 섭리를 따랐다.

❹ 只因他们充满我幼年的记忆，忘却不了，难以忘却,
Zhǐ yīn tāmen chōngmǎn wǒ yòunián de jìyì, wàng quèbuliǎo, nán yǐ wàngquè,

就记在这里了。
jiù jì zài zhèli le.

내 유년 시절의 기억이 충만하기에 이 모든 것을 잊을 수가 없다. 잊을 수가 없기에 여기 기록하는 것이다.

단어

冰冷[bīnglěng] 냉담하다, 싸늘하다 | **憎恶**[zēngwù] 혐오하다, 증오하다 | **滋味**[zīwèi] 맛 |
寻求[xúnqiú] 찾다, 모색하다

Chapter 9

평가

사람이나 사물의 가치나 수준 따위를 일정한 기준에 의해 따져 매기는 것을 평가라고 합니다. 우리들은 부지불식간에 타인을 평가하는 경우가 많이 있는데 평가는 긍정적일 수도 있고, 부정적인 경우도 있습니다. 누군가를 평가하기 전에 우리 자신을 다시 한번 돌아봅시다.

1. 顽固的人不是我的菜。앞 뒤 꽉 막힌 사람은 제 스타일이 아니에요.

2. 其实他是个很重情义的人。사실 그는 정이 많은 사람이에요.

3. 他跟陌生人也能聊得开。그는 누구와도 금방 친해질 수 있어요.

4. 无论在什么情况下，他都很会调节气氛。
그는 언제나 분위기를 이끄는 분위기 메이커에요.

5. 他终于脱颖而出。그가 드디어 두각을 나타냈어요.

6. 你总是耍嘴皮子。너는 항상 말만 번지르르하게 해.

7. 他总是有点儿过火。걔는 늘 오버해.

8. 你太挑剔了。당신은 정말 까다로워요.

9. 你还真有幽默感。당신 정말 유머감각이 있네요.

10. 别孩子气了！나잇값 좀 합시다.

앞 뒤 꽉 막힌 사람은 제 스타일이 아니에요.

顽固的人不是我的菜。

Wángù de rén búshì wǒ de cài.

회사 생활을 하다보면 원칙만을 강조하는 사람이 있는데 그런 사람들은 변화하는 것을 두려워하고, 융통성이 없습니다. 세상은 날이 다르게 변화하고 우리들의 생각을 바꿀 정도로 빠르게 변화하고 있습니다. 그런 변화에 적응을 해야 하는데 기득권이 뺏길까 변화하지 않은 사람들이 있습니다. 원리원칙이라는 것은 지켜야 하겠지만 시대의 흐름에 맞게 변화하는 것도 올바른 것이 아닐까요.

알고 넘어가기

표현법

菜와 관련된 표현법에 대해 알아보겠습니다.

菜는 '요리'라는 의미를 가집니다. **나의 스타일**이라고 할 때 쓸 수 있는 표현입니다. 어떤 상대에 대해 표현도 가능하고, 스타일에 대해서 표현을 할 때 사용합니다.

她不是我的菜。 Tā búshì wǒ de cài.
그녀는 저의 스타일이 아닙니다.

他是我的菜。 Tā shì wǒ de cài.
그는 저의 스타일입니다.

Ⓐ: 小李，我给你当一次媒人吧，怎么样？
Xiǎo Lǐ, wǒ gěi nǐ dāng yícì méirén ba, zěnmeyàng?

Ⓑ: 那还用说，快说说是什么样的人？
Nà hái yòng shuō, kuài shuōshuo shì shénmeyàng de rén?

Ⓐ: 父母是白手起家的富豪。
Fùmǔ shì báishǒuqǐjiā de fùháo.

Ⓑ: 哦，是富二代啊！多大了？
Ò, shì fù'èrdài a! Duō dà le?

Ⓐ: 比你大四岁，和你非常般配。就是性格顽固了点儿。
Bǐ nǐ dà sì suì, hé nǐ fēicháng bānpèi. Jiùshì xìnggé wángù le diǎnr.

Ⓑ: 快得了吧！不管经济条件怎么好，
Kuài déle ba! Bùguǎn jīngjì tiáojiàn zěnme hǎo,

顽固的人不是我的菜。
wángù de rén búshì wǒ de cài.

Ⓐ: 시아오리, 내가 너한테 중매 한 번 해줄까 하는데 어때?
Ⓑ: 두말하면 잔소리지, 빨리 말해봐, 어떤 사람이야?
Ⓐ: 부모님은 자수성가한 부자야.
Ⓑ: 오우, 재벌 2세구나, 나이는?
Ⓐ: 너보다 4살 많아, 너랑 잘 어울려. 근데 성격이 좀 보수적이야.
Ⓑ: 됐거든, 경제 조건이 아무리 좋아도 꽉 막힌 사람은 내 스타일이 아니야.

단어 媒人[méirén] 중매인 | 白手起家[báishǒuqǐjiā] 자수성가 | 富豪[fùháo] 부자, 부호 | 富二代[fù'èrdài] 재벌 2세 | 般配[bānpèi] 어울리다

자세히 알아보기

표현법

那还用说의 표현에 대해 알아보겠습니다.

의미는 말할 것도 없지, 그렇고말고, 말할 필요가 있나라는 의미로 쓰이며, 해석은 상황과 문맥에 따라서 다양하게 표현이 될 수가 있습니다.

다시 정리를 하면 화자가 상대방이 말할 것을 당연하게 여길 때 사용합니다.

쓰기 연습

顽固的人不是我的菜。

Wángù de rén búshì wǒ de cài.

앞 뒤 꽉 막힌 사람은 제 스타일이 아니에요.

顽固的人不是我的菜。

저자 강의 MP3 9-02-1

사실 그는 정이 많은 사람이에요.
其实他是个很重情义的人。
Qíshí tā shì ge hěn zhòng qíngyì de rén.

좋아하는 분야가 같은 사람들끼리 만나다 보면 좋아하는 분야를 공유하고 소통하게 되는데, 그럴 때 보면 가끔은 나와 맞지 않는 사람들을 만나게 되곤 하죠. 이 사람은 나와 맞지 않아라고 판단해서 색안경을 끼고 보기보다는 그 사람의 내면을 봐준다면 서로가 서로에 대한 배려심이 더 생기리라 믿습니다.

알고 넘어가기

단어

情义는 **인정**과 **도의**라는 의미입니다.

같은 의미의 어휘입니다.
情谊[qíngyì], **情意**[qíngyì]

礼轻情义重。 Lǐqīng qíngyì zhòng.
선물은 약소하지만 마음만은 큽니다.

Ⓐ : 你跟他怎么了?
Nǐ gēn tā zěnme le?

Ⓑ : 真的气死我了。我跟他说不到一块儿去。
Zhēnde qì sǐ wǒ le. Wǒ gēn tā shuōbudào yíkuàir qù.

Ⓐ : 不要想太多。你现在需要好好儿休息。
Búyào xiǎng tài duō. Nǐ xiànzài xūyào hǎohāor xiūxi.

Ⓑ : 他这个人就是个死脑筋!
Tā zhège rén jiùshì gè sǐnǎojīn!

Ⓐ : 你不应该那么想,其实他是个很重情义的人。
Nǐ bù yīnggāi nàme xiǎng, qíshí tā shì ge hěn zhòng qíngyì de rén.

Ⓑ : 我觉得他的性格很奇怪。
Wǒ juéde tā de xìnggé hěn qíguài.

Ⓐ : 너 그 사람하고 어떻게 된 거야?
Ⓑ : 어휴 정말 짜증나 죽겠어. 도대체 말이 안 통해.
Ⓐ : 너무 생각 많이 하지 마. 지금 힐링이 필요한 것 같은데.
Ⓑ : 그 사람은 생각이 고리타분해!
Ⓐ : 그렇게 생각하지 마, 사실 그는 정이 많은 사람이야.
Ⓑ : 내 생각에 그 사람 성격이 좀 이상한 것 같아.

 情义[qíngyì] 인정과 도의 | 性格[xìnggé] 성격 | 奇怪[qíguài] 이상하다

자세히 알아보기

표현법

气死我了의 경우는 화가 났을 경우 쓸 수 있는 표현입니다.
회사 생활에서 상사에게 야단을 맞았을 때 스스로 화나거나 상황이 화가 날 때 쓸 수 있습니다.

开通[kāitong]의 경우 **(생각이) 진보적이다, 깨어있다**라는 의미를 가지지만 **开通**[kāitōng]과 같이 tōng이 1성으로 쓰이면 **개통하다**라는 의미를 가집니다.

쓰기 연습

其实他是个很重情义的人。
Qíshí tā shì ge hěn zhòng qíngyì de rén.

사실 그는 정이 많은 사람이에요.

其实他是个
很重情义的人。

03

저자 강의 MP3 ▶ 9-03-1

그는 누구와도
금방 친해질 수 있어요.

他跟陌生人也能聊得开。

Tā gēn mòshēngrén yě néng liáodekāi.

사람들과 쉽게 친해지는 사람들을 보면 어떤 생각이 드세요?
한편으로는 부럽다고 느끼면서도 한편으로는 오지랖이라고 느끼는 사람이 있을 것 같습니다. 어떤 것이 '좋다, 나쁘다'라고 할 수는 없지만 무슨 일이든지 과하지만 않으면 적극적인 태도는 사회생활을 하는데 있어서 가장 큰 장점입니다.

알고 넘어가기

표현법

聊得开의 의미는 **대화가 잘되다, 말이 잘 통하다**라는 의미를 가집니다.

동사 + 得开 용법으로 정도보어로 쓰일 수 있습니다. 어떤 사물을 풀거나 갈라놓을 수 있다는 의미를 가집니다.

打得开。 Dǎ de kāi.
열 수 있다.

想得开。 Xiǎng de kāi.
생각이 열리다 긍정적이다.

대화문

Ⓐ: 听说你最近工作很忙。
　　Tīngshuō nǐ zuìjìn gōngzuò hěn máng.

Ⓑ: 是啊，每天加班，周末也得上班，忙死了。
　　Shì a, měitiān jiābān, zhōumò yě děi shàngbān, máng sǐ le.

Ⓐ: 对了，新来的小李工作适应力怎么样?
　　Duì le, xīn lái de Xiǎo Lǐ gōngzuò shìyīnglì zěnmeyàng?

Ⓑ: 我觉得差不多都适应了。他很认真，而且还很开朗。
　　Wǒ juéde chàbuduō dōu shìyīng le. Tā hěn rènzhēn, érqiě hái hěn kāilǎng.

Ⓐ: 那就好，跟同事们关系呢?
　　Nà jiù hǎo, gēn tóngshìmen guānxi ne?

Ⓑ: 他跟陌生人也能聊得开。
　　Tā gēn mòshēngrén yě néng liáodekāi.

Ⓐ: 듣자하니 너 최근에 일이 바쁘다면서.
Ⓑ: 그러게. 요즘 매일 야근하고, 주말에도 출근을 해. 바빠 죽겠어.
Ⓐ: 아 맞다, 새로 온 시아오리는 적응력은 어때?
Ⓑ: 내가 볼 때는 거의 적응이 된 것 같아. 아주 성실하고 성격도 활발해.
Ⓐ: 그럼 됐지, 동료들과 관계는 어때?
Ⓑ: 시아오리는 누구와도 금방 친해져서 잘 생활하고 있어.

단어 工作[gōngzuò] 일, 일하다 | 习惯[xíguàn] 습관 | 差不多[chàbuduō] 대략, 비슷하다
陌生人[mòshēngrén] 낯선 사람

자세히 알아보기

표현법

差不多라는 표현의 직역은 '차이가 크게 없다', '거의 다 되었다', 결론적으로 '좋은 게 좋다', '대충 그렇다'식의 애매한 표현으로 쓰이는 경우가 많습니다.

중국의 현대 소설 중에 '**差不多先生**'이라는 작품이 있는데 사람들의 **差不多** 사고방식을 풍자한 소설입니다. **差不多**에 담긴 의미를 떠올리면서 중국인과 대화할 때 써보는 재미도 쏠쏠할 것입니다.

쓰기 연습

他跟陌生人也能聊得开。

Tā gēn mòshēngrén yě néng liáodekāi.

그는 누구와도 금방 친해질 수 있어요.

他跟陌生人也能聊得开。

그는 언제나 분위기를 이끄는 분위기 메이커에요.

无论在什么情况下,
Wúlùn zài shénme qíngkuàng xià,

他都很会调节气氛。
tā dōu hěn huì tiáojié qìfēn.

어떤 조직이건 분위기를 이끄는 분위기 메이커가 한 명 정도가 있을 겁니다. 그가 자리에 있을 때는 몰라도 그의 부재로 그의 존재감을 나타내는 경우가 있습니다.

알고 넘어가기

구문

❶ 在~上 : 방면, 범위, 측면, 범위를 나타냅니다.
我是在回家的半路上遇到他的。 Wǒ shì zài huíjiā de bànlù shàng yùdào tā de.
저는 집으로 돌아가는 중에 그를 만났습니다.

❷ 在~中 : 동작이나 행위의 진행과정을 나타냅니다.
在这次社会调查过程中,我们访问了很多公司。
Zài zhècì shèhuì diàochá guòchéng zhōng, wǒmen fǎngwènle hěn duō gōngsī.
이번 조사 과정 중에, 우리는 많은 회사를 방문했습니다.

❸ 在~下 : 전제 조건을 나타냅니다.
在老师和同学们的帮助下,我的汉语水平提高了很多。
Zài lǎoshī hé tóngxuémen de bāngzhù xià, wǒ de Hànyǔ shuǐpíng tígāole hěn duō.
선생님과 친구들의 도움 아래, 저의 중국어 실력이 많이 향상되었습니다.

A: 我的性格很内向。不好跟陌生人搭话。
Wǒ de xìnggé hěn nèixiàng. Bù hǎo gēn mòshēngrén dāhuà.

B: 其实跟陌生人说话我也不太容易。
Qíshí gēn mòshēngrén shuōhuà wǒ yě bútài róngyì.

A: 特别是在女孩子面前,更不知道怎么开口。
Tèbié shì zài nǚháizi miànqián, gèng bù zhīdào zěnme kāikǒu.

B: 可是小张就不是,无论在什么情况下,
Kěshì Xiǎo Zhāng jiù búshì, wúlùn zài shénme qíngkuàng xià,

他都很会调节气氛。
tā dōu hěn huì tiáojié qìfēn.

A: 我很佩服他,我要向他学习。
Wǒ hěn pèifú tā, wǒ yào xiàng tā xuéxí.

B: 哈哈哈,我觉得这个是天生的,哪能学得了?
Hāhāhā, wǒ juéde zhège shì tiānshēng de, nǎnéng xué déliao?

A: 제 성격은 내성적이에요. 사람들하고 쉽게 친해지지 못해요.
B: 저도 낯선 사람과 말을 할 때는 쉽지가 않아요.
A: 저는 특히 여자 앞에서는 어떻게 말을 해야 할지 더 모르겠어요.
B: 그런데 시아오장은 그렇지 않아요. 그 사람은 언제나 분위기를 이끄는 분위기 메이커에요.
A: 저는 그가 부럽더라고요. 그에게 배워야겠어요.
B: 하하하 제 생각에는 이런 것은 타고나는 거라 배울 수 있는 것이 아니에요.

단어 性格[xìnggé] 성격 | 内向[nèixiàng] 내향적 | 搭话[dāhuà] 이야기하다, 응대하다 | 开口[kāikǒu] 입을 열다 | 调节[tiáojié] 조절하다 | 气氛[qìfēn] 분위기

자세히 알아보기

단어

羡慕[xiànmù] 다른 사람이 갖고 있는 장점, 좋은 점 혹은 유리한 점을 보고 자신도 그렇게 되길 바라는 **것**(구체적인 것)입니다.

她很羡慕我有这么一个好老师。 Tā hěn xiànmù wǒ yǒu zhème yí ge hǎo lǎoshī.
그녀는 제가 이런 좋은 선생님이 있는 것을 부러워합니다.

佩服[pèifú] 재능이나 인덕, 품성, 능력 등이 자신보다 뛰어난 사람에게 초점(추상적인 것)입니다.

我佩服老李，他很会说汉语。 Wǒ pèifú Lǎo Lǐ, tā hěn huì shuō Hànyǔ.
저는 라오리를 부러워하는데, 왜냐하면 그는 중국어를 할 줄 알기 때문입니다.

쓰기 연습

无论在什么情况下，
Wúlùn zài shénme qíngkuàng xià,

他都很会调节气氛。
tā dōu hěn huì tiáojié qìfēn.

그는 언제나 분위기를 이끄는 분위기 메이커에요.

无论在什么情况下，
他都很会调节气氛。

그가 드디어 두각을 나타냈어요.

他终于脱颖而出。

Tā zhōngyú tuōyǐngérchū.

뭐든지 꾸준히 하는 사람은 많지가 않습니다.
바꾸어 말하면 포기하지 않고 자신의 길을 가는 사람에게는 언젠가는 노력의 대가를 받을 수 있다고 풀이할 수 있습니다. 결과가 있다는 것은 과정이 있는 것이고, 결과가 좋지 않더라도 과정이 좋다면 언젠가는 분명히 두각을 나타낼 수 있다고 저 역시 믿으며 하루하루 열심히 점이 직선이 되기를 바라면서 오늘도 최선을 다하고 있습니다.

알고 넘어가기

표현법

脱颖而出의 표현과 유래에 대해 알아보겠습니다.

脱颖而出는 **송곳의 뾰족한 끝이 주머니를 뚫고 나오다, 사람의 능력이나 재능이 밖으로 완전히 드러나다**'라는 의미입니다.

脱颖而出는 사마천의 사기 중 〈평원군우경열전〉의 이야기의 한 대목에서 나왔습니다. 평원군이 자신과 함께 갈 사람을 뽑던 중에 사람이 한사람 모자라자 **毛遂**(모수)가 자신을 데려가 달라며 스스로를 추천합니다. 잘 알려지지 않은 사람이라 뽑아줄 수 없다는 평원군의 말에 毛遂는 유명한 말을 합니다.

臣乃今日请处囊中耳。使遂蚤得处囊中，乃颖脱而出，非特其末见而已。
Chén nǎi jīnrì qǐng chùnáng zhōng ěr. shǐ suízǎo děi chùnáng zhōng, nǎi yǐngtuōérchū, fēi tè qí mò jiàn éryǐ.

"저는 오늘에야 당신의 주머니 속에 넣어 달라고 부탁드리는 것입니다. 만일 저를 좀 더 일찍 주머니 속에 있게 하였더라면 그 끝만 드러나 보이는 게 아니라 송곳 자루까지 밖으로 나왔을 것입니다."

대화문

A: 小金留学美国，已有十年了吧？
Xiǎo Jīn liúxué Měiguó, yǐ yǒu shí nián le ba?

B: 是啊，今年正好十年，不知现在怎么样了？
Shì a, jīnnián zhènghǎo shí nián, bù zhī xiànzài zěnmeyàng le?

A: 听说，前两个月获得博士学位，当上了教授。
Tīngshuō, qián liǎng ge yuè huòdé bóshì xuéwèi, dāng shàng le jiàoshòu.

B: 哦，他终于脱颖而出了，没白费十年的青春啊！
Ò, tā zhōngyú tuōyǐngérchū le, méi báifèi shí nián de qīngchūn a!

A: 就是呀，
Jiùshì ya,

还听说美国CNN特意找他进行过一次专访呢。
hái tīngshuō Měiguó CNN tèyì zhǎo tā jìnxíngguo yícì zhuānfǎng ne.

B: 他可真是无人问，一举成名天下知啊！
Tā kě zhēnshì wú rén wèn, yìjǔchéngmíng tiānxià zhī a!

A: 시아오진이 미국에 유학 간지 벌써 10년 됐지?
B: 그렇지. 올해가 딱 10년이야. 지금은 어찌 지내는지 모르겠네?
A: 두 달 전에 박사 학위를 따고 교수가 되었다고 하더라고.
B: 아, 끝내 두각을 나타냈구나, 10년이란 청춘을 헛되게 보내지 않았어.
A: 그치, 또 미국 CNN에서 특별히 찾아와 인터뷰도 했다고 하더라고.
B: 진짜 공부할 때 아무도 관심이 없었는데 성공하니 세상이 알아보네.

단어 博士[bóshì] 박사 | 学位[xuéwèi] 학위 | 教授[jiàoshòu] 교수
一举成名[yìjǔchéngmíng] 일거에 성공하여 명성을 얻다

자세히 알아보기

단어

就是에 다양한 의미에 대해 알아보겠습니다.

❶ **접속사로 가정이나 양보를 나타냅니다.** 설사 …라도의 의미입니다.
就是再难，我也能做好这件事。 Jiùshì zài nán, wǒ yě néng zuò hǎo zhè jiàn shì.
아무리 어렵다 해도 나는 이 일을 잘 해낼 수 있습니다.

❷ **부사로 강한 긍정이나 의지, 단호함 등을 나타냅니다.**
我就是这样，你爱怎么办就怎么办吧！ Wǒ jiùshì zhèyàng, nǐ ài zěnmebàn jiù zěnmebàn ba!
나는 이러하니 당신이 하고 싶은 대로 하세요!

❸ **부사로 앞에서 제기한 사항이 이상적이지 않음을 지적합니다.**
这双鞋正合适，就是有点儿贵。 Zhè shuāng xié zhèng héshì, jiùshì yǒudiǎnr guì.
이 신발은 딱 맞아요, 다만 약간 비싸요.

쓰기 연습

他终于脱颖而出。

Tā zhōngyú tuōyǐngérchū.

그가 드디어 두각을 나타냈어요.

他终于脱颖而出。

너는 항상 말만 번지르르하게 해.

你总是耍嘴皮子。

Nǐ zǒngshì shuǎ zuǐpízi.

주변에 보면 허언증처럼 말만 앞서는 사람들이 있는데요. 들어보면 그 사람들 말대로라면 이 세상에서 안 되는 것이 없어 보입니다. 아마도 누군가에게 인정받고 싶고, 많은 욕심 때문은 아닐까도 생각해봤습니다. 그래도 더 중요한 것은 말보다는 행동이 아닐까 생각해봅니다.

알고 넘어가기

표현법

耍嘴皮子의 표현은 **빈말을 한다, 말재주를 부린다**라는 의미이고, 嘴皮子은 **말솜씨, 말주변, 입심, 입담**이라는 의미를 가집니다. 허풍만 떨고 실속 없이 말만 앞서는 사람을 말할 때 쓸 수 있는 표현입니다.

대화문

Ⓐ : 我想了半天，我知道都是我的错，我真的错了。
　　Wǒ xiǎngle bàntiān, wǒ zhīdào dōushì wǒ de cuò, wǒ zhēnde cuò le.

Ⓑ : 你每次都这样说，结果还是老样子。
　　Nǐ měicì dōu zhèyàng shuō, jiéguǒ háishi lǎo yàngzi.

Ⓐ : 你的话一点都没错，可是这次是真的，请相信我吧。
　　Nǐ de huà yìdiǎn dōu méi cuò, kěshì zhècì shì zhēnde, qǐng xiāngxìn wǒ ba.

Ⓑ : 你总是耍嘴皮子。我怎么相信你？
　　Nǐ zǒngshì shuǎ zuǐpízi. Wǒ zěnme xiāngxìn nǐ?

Ⓐ : 从现在开始，我会用行动来证明的。
　　Cóng xiànzài kāishǐ, wǒ huì yòng xíngdòng lái zhèngmíng de.

Ⓑ : 是真的吧？这是最后一次了。
　　Shì zhēnde ba? Zhè shì zuìhòu yícì le.

Ⓐ : 내가 하루 종일 생각했는데, 내 잘못한 것을 알겠어, 정말 틀렸어.
Ⓑ : 넌 매번 그렇게 말해, 결과는 늘 똑같잖아.
Ⓐ : 네가 말하는 것이 틀리지 않았어, 그런데 이번에는 정말이야, 이번에는 날 믿어줘.
Ⓑ : 넌 항상 말만 번지르르하게 하잖아. 내가 어떻게 믿으라고?
Ⓐ : 지금부터 시작해서 행동으로 증명할게.
Ⓑ : 정말이지? 마지막으로 믿어볼게.

단어 行动 [xíngdòng] 행동하다 | 证明 [zhèngmíng] 증명하다 | 期待 [qīdài] 기대하다
表现 [biǎoxiàn] 태도, 나타내다

자세히 알아보기

표현법

老样子에 대해 알아보겠습니다.

老는 두 가지 의미를 가지고 있는데, 첫 번째는 '늙은'이라는 의미가 있고, 두 번째로 '늘, 항상'이라는 의미를 가지고 있습니다. **老样子**는 두 가지 의미로 쓰이기도 하는데, 본 표현에서는 늘 그대로이다 라는 의미로 쓰이지만 다른 표현으로는 늙은 모습이다라는 의미로도 사용 가능합니다.

쓰기 연습

你总是耍嘴皮子。

Nǐ zǒngshì shuǎ zuǐpízi.

너는 항상 말만 번지르르하게 해.

你总是耍嘴皮子。

걔는 늘 오버해.
他总是有点儿过火。
Tā zǒngshì yǒudiǎnr guòhuǒ.

주변에 작은 일을 가지고 마치 큰일을 한 듯 행동하는 사람들이 있습니다. 왜 오버를 하는 걸까요? 아마 그런 과장된 행동 속의 심리는 누군가에게 인정을 받고 싶은 것이 아닐까요? 그러나 너무 과장된 오버는 독이 되는 법이랍니다.

알고 넘어가기

단어

过火는 **(일이나 말 등이)도를 넘다, 지나치다**라는 의미입니다.
이와 비슷한 단어로 过分[guòfèn]으로도 표현이 가능합니다.

他是个开朗的孩子，但是有时他说话有点儿过火。
Tā shì ge kāilǎng de háizi, dànshì yǒushí tā shuōhuà yǒudiǎnr guòhuǒ.
그는 활발한 아이인데, 그러나 때로는 그는 말할 때 오버합니다.

대화문

Ⓐ : 你跟他怎么了？他好像在生你的气？
Nǐ gēn tā zěnme le? Tā hǎoxiàng zài shēng nǐ de qì?

Ⓑ : 我跟他开玩笑。谁知道他当真了。
Wǒ gēn tā kāiwánxiào. Sheí zhīdào tā dàngzhēn de.

Ⓐ : 你跟他好好儿说说。他可能是误会了。
Nǐ gēn tā hǎohāor shuōshuo. Tā kěnéng shì wùhuì le.

Ⓑ : 他总是有点儿过火。
Tā zǒngshì yǒudiǎnr guòhuǒ.

Ⓐ : 我也觉得。
Wǒ yě juéde.

Ⓑ : 我真的不知道怎么跟他交流。
Wǒ zhēnde bù zhīdào zěnme gēn tā jiāoliú.

Ⓐ : 그와 너의 관계는 왜 그러는데? 걔는 조금 화난 거 같던데?
Ⓑ : 내가 농담한 건데, 그가 진짜로 받아들일지 누가 알았겠어.
Ⓐ : 그랑 잘 이야기 해봐. 아마도 오해가 있는 것 같아.
Ⓑ : 근데 그 사람은 늘 오버해.
Ⓐ : 나도 그렇게 생각해.
Ⓑ : 나는 정말로 그와 어떻게 지내야 할지 모르겠어.

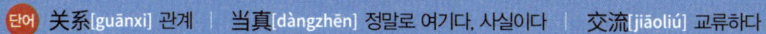

단어 关系 [guānxi] 관계 | 当真 [dàngzhēn] 정말로 여기다, 사실이다 | 交流 [jiāoliú] 교류하다

자세히 알아보기

구문

谁知道他当真的에서 **谁知道**은 **누가 알아, 누가 알겠어?**라는 의미를 가집니다.
当真은 **정말로 여기다**라는 의미입니다.
그래서 '그가 정말로 여길 줄 누가 알았겠어?'라는 의미를 가집니다.
谁知道뒤에 절이 와서 '~한 것을 누가 알아'라는 의미로 뒷부분에서 언급된 부분을 누가 알 수 있었을까의 의미로 쓰입니다.

쓰기 연습

他总是有点儿过火。

Tā zǒngshì yǒudiǎnr guòhuǒ.

걔는 늘 오버해.

他总是有点儿过火。

08 저자 강의 MP3 9-08-1

당신은 정말 까다로워요.
你太挑剔了。
Nǐ tài tiāoti le.

까다롭다는 말은 무슨 일을 함에 있어서 '지나침'이라는 의미도 같이 포함되어 있는 것 같은데 힘든 상황에서 모든 사람들이 불평을 하거나 불만을 가지는 것은 당연하지만 지나치게 하기 때문에 문제가 생기는 것입니다. 때로는 아무렇지도 않은 듯이 넘어가는 것이 좋습니다. 사실 '적당히'라는 것의 기준이 애매하긴 하지만 쿨하게 넘길 필요도 있어 보입니다.

알고 넘어가기

표현법

挑剔는 어떤 부정적인 것에 대해 불만의 감정을 나타내는 것입니다. 다른 표현으로 넌 입맛이 매우 까다로워입니다.

你的口味真挑剔。 Nǐ de kǒuwèi zhēn tiāotī.
당신의 입맛은 정말 까다로워요.

Ⓐ: 这里的菜怎么样？人家都说这家是美味餐厅。
　　Zhèli de cài zěnmeyàng?　　Rénjiā dōu shuō zhè jiā shì měiwèi cāntīng.

Ⓑ: 这里的菜太难吃了。真的是美味餐厅吗？
　　Zhèli de cài tài nánchī le.　　Zhēnde shì měiwèi cāntīng ma?

Ⓐ: 是不是你太挑剔了？
　　Shìbushì nǐ tàitiāoti le?

Ⓑ: 我这人什么都爱吃，这个你应该知道吧。
　　Wǒ zhèrén shénme dōu ài chī,　　zhège nǐ yīnggāi zhīdào ba.

Ⓐ: 你什么都爱吃？和你认识这么久，我怎么不知道啊？
　　Nǐ shénme dōu ài chī?　　Hé nǐ rènshi zhème jiǔ,　　wǒ zěnme bù zhīdào a?

Ⓑ: 我从来不挑食，有什么就吃什么。
　　Wǒ cónglái bù tiāoshí,　　yǒu shénme jiù chī shénme.

　　反正这里不是美味餐厅。
　　Fǎnzhèng zhèli búshì měiwèi cāntīng.

Ⓐ : 이곳 요리 어때? 모두들 맛집이라고 하던데.
Ⓑ : 요리가 너무 맛이 없어. 정말 맛집 맞아?
Ⓐ : 네가 너무 까다로운 거 아니야?
Ⓑ : 난 원래 무슨 음식이든 다 먹잖아, 너도 알고 있잖아.
Ⓐ : 무슨 음식이든 잘 먹는다고? 너랑 오랫동안 알았는데 왜 몰랐지?
Ⓑ : 난 지금껏 편식을 하지 않아, 뭐든 잘 먹는데 암튼 이곳은 맛집이 아닌 것 같아.

 难吃[nánchī] 맛없다　｜　挑食[tiāoshí] 편식하다

자세히 알아보기

구문

难 + 동사 : 동사하기 어렵다

难吃[nánchī] (맛이 좋지 않는 등의 이유로) 먹기 어렵다. 맛이 없다.
难喝[nánhē] 삼키기 어렵다. 텁텁하다.
难看[nánkàn] 못생기다. 보기 싫다. 흉하다. 꼴사납다.
难听[nántīng] (소리가) 듣기 거북하다. 듣기 싫다.

找借口[zhǎo jièkǒu]에서 找는 찾다. 借口는 변명이라는 의미입니다.
找借口는 변명을 찾다, 변명을 하다의 의미가 됩니다.

쓰기 연습

你太挑剔了。

Nǐ tài tiāoti le.

당신은 정말 까다로워요.

你太挑剔了。

당신 정말 유머감각이 있네요.
你还真有幽默感。
Nǐ hái zhēn yǒu yōumògǎn.

요즘은 말을 잘하는 사람들이 많은 사람들에게 환영을 받는데요. 그래서 스피치 학원에서 공부를 하는 사람들이 많아졌다고 합니다. 무거울 수도 있는 분위기에서 농담을 적절하게 사용한다면 더 좋은 분위기가 만들어질 것입니다.

알고 넘어가기

표현법

有幽默感은 **유머감각이 있다**라는 의미입니다.
이와 별도로 비슷한 표현이 몇 가지 있습니다.

你有幽默细胞。 Nǐ yǒu yōumò xìbāo.
당신은 유머 감각이 있군요.
여기에서 **细胞**는 해석을 하면 세포라고 하지만 의역을 하면 **소질, 감각**이라는 의미로 쓰입니다.

你太幽默了。 Nǐ tài yōumò le.
당신은 정말 재미있어요.

대화문

Ⓐ: 我可以问你一个问题吗? 你有宗教吗?
　　Wǒ kěyǐ wèn yí ge wèntí ma?　　Nǐ yǒu zōngjiào ma?

Ⓑ: 没有宗教，你呢?
　　Méiyou zōngjiào,　nǐ ne?

Ⓐ: 我有宗教，就是睡觉。哈哈!
　　Wǒ yǒu zōngjiào,　jiùshì shuìjiào.　Hāhā!

Ⓑ: 你说什么? 你还真有幽默感。
　　Nǐ shuō shénme?　Nǐ hái zhēn yǒu yōumògǎn.

Ⓐ: 这是跟我朋友学的。
　　Zhè shì gēn wǒ péngyou xué de.

Ⓑ: 原来是这样。下次让他多讲讲这种幽默吧，很搞笑。
　　Yuánlái shì zhèyàng.　Xiàcì ràng tā duō jiǎngjiang zhè zhǒng yōumò ba,　hěn gǎoxiào.

Ⓐ: 뭐 하나 물어봐도 돼? 너 종교 있어?
Ⓑ: 종교 없는데, 넌?
Ⓐ: 나 종교가 있어. 바로 잠자기야. 하하
Ⓑ: 말이야? 막걸리야? 너 정말 유머감각이 있구나.
Ⓐ: 사실은 내 친구가 나한테 해준 말이야.
Ⓑ: 그랬구나. 다음에 그 친구에게 이런 유머 해달라고 해. 재미있다.

단어 宗教 [zōngjiào] 종교 ｜ 幽默感 [yōumògǎn] 유머감각

자세히 알아보기

단어

你有宗教吗?은 **당신은 종교가 있나요?**라는 의미입니다.
보통은 이런 질문에 대한 대답은 종교에 대해 답을 해야 하는 것이 맞습니다. 대화문에서 **睡觉**[shuìjiào]으로 말한 것은 모든 종교가 jiào로 끝나기 때문에 말장난을 한 것으로 유머를 사용한 것입니다. 종교에 대한 어휘에 대해 익혀보겠습니다.

佛教[fójiào] 불교
基督教[jīdūjiào] 기독교
天主教[tiānzhǔjiào] 천주교
道教[dàojiào] 도교
穆斯林[mùsīlín] 무슬림

쓰기 연습

你还真有幽默感。

Nǐ hái zhēn yǒu yōumògǎn.

당신 정말 유머감각이 있네요.

你还真有幽默感。

나잇값 좀 합시다.
别孩子气了！
Bié háiziqì le !

우리나라처럼 나이에 민감한 나라도 없는 것 같습니다. 싸우다가도 말이 막히면 '너 몇 살이야?'하면서 나이 많은 사람이 마치 힘이 있는 사람처럼 하기도 합니다. 누군가 나를 비난할 때 예전에는 나에게 비난하는 자체가 싫었는데 나이를 먹어 감에 따라 그렇게 말하는 사람의 의도를 조금씩 알아갈 때가 있습니다. 이런 것이 나이를 먹어간다는 증거가 아닐까요.

알고 넘어가기

단어

「설문」에서는 气는 '구름의 기운을 의미하는 상형글자이다.'라고 설명합니다. 옛날에는 '구름의 기운'을 의미하였으나 후에 모든 기운을 의미하는 것으로 확장되었습니다. 우리는 가끔씩 '치기 어린 행동을 하다.'라고 하는데 치기라는 단어는 어린아이를 의미합니다. **孩子气의 경우 어린아이처럼 굴다라는 의미를 가집니다.**

대화문 MP3 9-10-2

대화문

ⓐ: 你你又生气了吗? 不要太放在心上。
　　Nǐ yòu shēngqì le ma? Búyào tài fàng zài xīn shàng.

ⓑ: 我不生气能怎么办?
　　Wǒ bù shēngqì néng zěnmebàn?

ⓐ: 别孩子气! 快三十岁的人了。
　　Bié háiziqì! Kuài sānshí suì de rén le.

ⓑ: 这件事你掉过来想一想。
　　Zhè jiàn shì nǐ diào guòlái xiǎngyixiǎng.

ⓐ: 先消消气儿。我理解你的立场。
　　Xiān xiāoxiāoqìr. Wǒ lǐjiě nǐ de lìchǎng.

ⓑ: 谢谢你的理解, 可我越想越生气。
　　Xièxie nǐ de lǐjiě, kě wǒ yuè xiǎng yuè shēngqì.

ⓐ: 너 또 화내는 거야? 너무 깊게 생각하지 마.
ⓑ: 내가 화를 안내면 어떻게 하는데?
ⓐ: 나잇값 좀 해! 곧 30이야.
ⓑ: 이 일을 입장 바꿔서 생각해 봐.
ⓐ: 우선 화를 좀 풀어. 나도 네 입장 이해하니까.
ⓑ: 이해해줘서 고맙긴 한데 생각할수록 화가 나서 그래.

단어 生气[shēngqì] 화내다 | 掉[diào] 방향을 바꾸다, 떨어지다 | 消消气儿[xiāoxiao qìr] 화를 풀다

자세히 알아보기

단어

这件事你掉过来想一想에서 掉过来은 **입장을 바꾸다**라는 의미를 가집니다.

请消气儿은 **화를 푸세요**라는 의미입니다.

消은 **녹다, 사라지다**이고, 气儿은 **화, 울분**을 의미합니다.

구문

越 A 越 B의 용법은 **A 하면 할수록 B 하다**의 의미로, 정도가 조건의 발전에 따라 발전함을 나타냅니다.

쓰기 연습

别孩子气了！

Bié háiziqì le !

나잇값 좀 합시다.

别孩子气了！

중국 영화를 통해 배우는 영화 명대사 09

5일의 마중
归来

'归来'는 '돌아오다, 본래의 자리로 돌아오다'라는 의미를 가집니다. 2014년 개봉을 했으며, 감독은 장이머우(張藝謀)이며, 진도명(陈道明), 공리(巩俐), 장혜문(張慧雯)등이 주연을 한 작품입니다.

매달 5일에 기차역에서 돌아오지 않는 남편을 기다리는 아내의 이야기를 그린 감동 걸작 〈5일의 마중〉은 칸영화제, 베를린영화제, 베니스영화제를 석권한 중국의 거장 장예모 감독의 위대한 귀환을 알리는 작품으로 애잔함이 묻어나는 이야기로 풀었습니다.

중국의 문화대혁명 시절, 고등학교 교사 펑안위(공리)는 남편 루엔스(쩐따오밍)은 반동분자로 몰려서 수용서로 끌려가게 됩니다. 펑안위는 루엔스를 10년간이나 보지 못했고, 3살 이후 아버지는 본 적 없는 딸은 반동분자의 딸이라는 이유로 무용단에서 주인공 배역을 놓치며 아버지에 대한 분노를 키워나갑니다.

모두가 가슴 아픈 이별을 겪게 되고, 펑안위는 심리적 이유로 기억장애를 얻게 됩니다. 시간이 지날수록 많은 기억들을 잃어가지만 펑안위는 남편이 돌아오겠다고 약속했던 매달 5일, 기차역으로 마중을 나가는 것만큼은 잊지 않았습니다. 문화대혁명이 끝나고 루엔스가 돌아오지만 펑안위는 그를 알아보지 못하고 루엔스는 아내에게 다가가지도 물러서지도 못하게 됩니다. 끝내 기억을 회복하지 못하고 루엔스를 마중하기 위해 또 다시 기차역에 가면서 영화는 끝납니다.

〈5일의 마중〉에서 배울 수 있는 대사를 공부해볼까요?

❶ **告诉你妈，明天早晨起来八点我在火车站的天桥等她。**
Gàosu nǐ mā, míngtiān zǎochén qǐlái bā diǎn wǒ zài huǒchēzhàn de tiānqiáo děng tā.

엄마한테 알려줘라. 내일 아침 8시에 기차역 육교에서 기다린다고.

❷ **我已经不是好父亲，你应该做一个好母亲，所以在这点上，**
Wǒ yǐjīng búshì hǎo fùqīn, nǐ yīnggāi zuò yí ge hǎo mǔqīn, suǒyǐ zài zhè diǎn shàng,

我要批评你，你应该让她回家来住。
wǒ yào pīpíng nǐ, nǐ yīnggāi ràng tā huíjiā lái zhù.

난 이미 좋은 아빠가 아니니, 당신이라도 좋은 엄마가 되어야 돼요. 그래서 이 부분에서는 내가 당신을 비난해야겠소. 딴딴에게 집으로 와서 살게 해요.

❸ **在这封信里我只写了我本月五号到，其他的日期我没写。**
Zài zhè fēng xìn li wǒ zhǐ xiěle wǒ běnyuè wǔ hào dào, qítā de rìqī wǒ méi xiě.

我想她接到这封信有可能去车站接我。
Wǒ xiǎng tā jiēdào zhè fēng xìn yǒu kěnéng qù chēzhàn jiē wǒ.

편지에 이번 달 5일에 도착한다고만 썼고 다른 날짜는 안 썼어. 이 편지를 보고 기차역에 그녀는 마중 나올지도 몰라.

❹ **作为一个父亲，始终没有陪伴她成长，这是我一个终身的遗憾。**
Zuòwéi yí ge fùqīn, shǐzhōng méiyou péibàn tā chéngzhǎng, zhè shì wǒ yí ge zhōngshēn de yíhàn.

아빠라는 사람이, 딸의 성장하는 모습을 못 봐서 평생 아쉬움으로 남을 것 같아.

단어

天桥[tiānqiáo] 육교 | **批评**[pīpíng] 꾸짖다 | **陪伴**[péibàn] 함께하다 | **遗憾**[yíhàn] 유감이다, 아쉽다

Chapter 10

의지

어떤 일을 이루려는 적극적인 마음을 의지라고 합니다. 아무리 최선을 다해도 안 될 때가 있고 마음을 비우면 원하는 것이 될 때도 있습니다. 되고 안되고는 하늘이 정해주는 것 같다는 생각도 해봅니다. 그렇지만 원하고자 하는 일에 대한 열정과 그 일을 최선을 다해서 이룬다면 하늘에서도 나의 의지에 감동하여 내가 이루고자 하는 꿈을 이루어주리라 믿습니다.

1. 我的新年目标就是不沾一滴酒！
신년 목표는 입에 술 한 방울도 대지 않기입니다.

2. 我是说真格的。저는 정말 진심으로 말하는 겁니다.

3. 其实我不想放弃。사실 저는 포기하고 싶지 않아요.

4. 我会尽力而为。최선을 다해보겠습니다.

5. 我们说正题吧。본론으로 들어갑시다.

6. 谁都不能例外。그 누구도 예외는 없습니다.

7. 我这个人，不管做什么都不随波逐流。저는 무슨 일을 하든 대세를 따르지 않습니다.

8. 在这件事情上，我绝对不能睁一只眼闭一只眼。
난 이 일을 눈 감아 줄 수가 없을 것 같네요.

9. 我尽可能满足大家的要求。최대한 여러분의 요구를 만족시키도록 해보겠습니다.

10. 我要去换一换心情。이제 기분 전환을 해야겠어요.

01 저자 강의 MP3 10-01-1

신년 목표는 입에 술 한 방울도 대지 않기입니다.

我的新年目标就是不沾一滴酒！

Wǒ de xīnnián mùbiāo jiùshì bù zhān yì dī jiǔ !

매년 연말이나 연초가 되면 신년 목표를 세웁니다.
올해 목표는 금주와 금연, 다이어트라고 하지만 시간이 지나면서 의지가 약해집니다. 자기 합리화를 하면서 매년 같은 일이 반복되는 경험이 있을 텐데요. 목표를 세우고 지킨다는 것은 쉬운 일은 아니지만 그 목표를 향해 노력하는 자세만으로도 충분히 박수 받을 만한 가치가 있다고 생각합니다.

알고 넘어가기

표현법

不沾一滴酒에 대해 알아보겠습니다.
沾은 적시다라는 의미로 쓰이고, 滴는 (액체가) 똑똑 떨어지다라는 의미를 가지고 있습니다. 다시 정리를 하면 한 방울의 술도 적시지 않는다는 의미로 '술 한 모금도 마시지 않다'라는 말을 할 때 쓸 수 있는 표현입니다.

一点酒也不喝。 Yìdiǎn jiǔ yě bù hē.
조금의 술도 먹지 않습니다.

A: 老李！多年不见，你发福了啊！
Lǎo Lǐ! duō nián bú jiàn, nǐ fāfú le a!

B: 什么发福！都胖成肥猪了。最近在减肥呢。
Shénme fāfú! Dōu pàng chéng féizhū le. Zuìjìn zài jiǎnféi ne.

A: 减肥？你这么爱喝酒的人？
Jiǎnféi? Nǐ zhème ài hējiǔ de rén!

B: 我的新年目标就是不沾一滴酒！
Wǒ de xīnnián mùbiāo jiùshì bù zhān yì dī jiǔ.

A: 哈哈哈，你能吗？
Hāhāhā, nǐ néng ma?

B: 男子汉大丈夫，说到做到。
Nánzihàn dà zhàngfu, shuōdào zuòdào.

A: 라오리, 몇 년 동안 못 봤네, 신수가 훤해졌는데!
B: 무슨 신수가 훤해지긴! 완전 돼지 됐어. 요즘 다이어트중이야.
A: 다이어트? 너처럼 술 좋아하는 사람이?
B: 올해 신년 목표는 입에 술 한 방울도 대지 않기야!
A: 하하하, 그게 가능할까?
B: 어렵겠지만 사내대장부가 말한 것은 지켜야지.

단어 发福 [fāfú] 몸이 좋아지다, 신수가 훤하다 | 肥猪 [féizhū] 살찐 돼지, 뚱보

자세히 알아보기

표현법
发福는 **몸이 좋아졌습니다**라는 의미로 주로 중년 이상의 사람에게 살이 쪘다고 말할 때 쓰는 표현입니다.

쓰기 연습

我的新年目标就是不沾一滴酒！

Wǒ de xīnnián mùbiāo jiùshì bù zhān yì dī jiǔ !

신년 목표는 입에 술 한 방울도 대지 않기입니다.

我的新年目标就是不沾一滴酒！

저는 정말 진심으로 말하는 겁니다.

我是说真格的。

Wǒ shì shuō zhēngé de.

나는 진심으로 말하고 행동하지만 사람들이 믿지 못하는 경우가 있습니다. 그런 일이 있으면 속상하고 답답하기도 하지만 입장을 바꾸어서 생각해보면 이해하지 못할 것도 없습니다. 내 맘 같지 않겠지요. 그럴 때마다 '내가 더 노력 해야겠구나'라는 생각을 하게 됩니다. 나의 진심을 알아주지 못한다고 원망하기보다는 내 자신을 한번 더 뒤돌아보는 기회로 삼아봅니다.

알고 넘어가기

구문

是……的 강조 구문에 대해 알아보겠습니다.

과거에 실현되거나 완성된 동작이나 행위가 행해진 시간, 장소, 대상, 목적, 방식 등을 강조하고 싶을 때 강조하는 내용을 是……的 사이에 넣어서 강조구문을 만들 수 있습니다.

你是从哪儿来的？ Nǐ shì cóng nǎr lái de?
당신은 어디에서 오셨나요?

我是一九八七年二月十八号出生的。 Wǒ shì yī jiǔ bā qī nián èr yuè shíbā hào chūshēng de.
저는 1987년 2월 18일에 출생했습니다.

대화문 MP3 10-02-2

Ⓐ: 这次评选，你得给领导送送礼。
　　Zhècì píngxuǎn, nǐ děi gěi lǐngdǎo sòngsong lǐ.

Ⓑ: 为什么啊？我就是不送礼，
　　Wèishénme a? Wǒ jiùshì bú sònglǐ,

　　各项指标都符合要求了啊！
　　gè xiàng zhǐbiāo dōu fúhé yàoqiú le a!

Ⓐ: 跟你说实话吧，前几天我看见老刘给王总送礼了！
　　Gēn nǐ shuō shíhuà ba, qián jǐ tiān wǒ kànjiàn Lǎo Liú gěi Wáng zǒng sònglǐ le!

Ⓑ: 真的啊？他怎么能这样啊？
　　Zhēnde a? Tā zěnme néng zhèyàng a?

Ⓐ: 反正我是说真格的，你别不信，到时候吃亏的是你。
　　Fǎnzhèng wǒ shì shuō zhēngé de, nǐ bié bú xìn, dào shíhou chīkuī de shì nǐ.

Ⓑ: 不行！我不能在原则问题上犯错误！
　　Bù xíng! Wǒ bùnéng zài yuánzé wèntí shàng fàn cuòwù!

Ⓐ: 이번 심사에 당신은 대표에게 선물을 줘야 합니다.
Ⓑ: 왜요? 저는 선물을 주지 않을 겁니다. 모든 지표가 요구에 부합이 되는데요.
Ⓐ: 제가 솔직히 말할게요. 몇 일전에 라오리우가 왕사장에게 선물을 주는 것을 봤어요.
Ⓑ: 정말요? 그는 왜 그렇게 한거죠?
Ⓐ: 암튼 저는 진심으로 말하는 겁니다. 당신이 믿지 못하면 그때가 되면 손해를 볼거에요.
Ⓑ: 싫어요! 저는 원칙적인 문제에 있어서 일을 크게 만들고 싶지 않습니다.

단어 领导[lǐngdǎo] 대표, 지도자, 지도하다 | 送礼[sònglǐ] 선물을 주다 | 指标[zhǐbiāo] 지표, 수치
符合[fúhé] 부합하다 | 吃亏[chīkuī] 손해를 보다

자세히 알아보기

표현법

跟你说实话吧는 **당신에게 솔직히 말할게요**라는 의미를 가집니다.
이와 비슷한 의미의 표현에 대해 소개하겠습니다.

坦白地说　tǎnbái de shuō
说实在的　shuō shízài de
不瞒你说　bù mán nǐ shuō
打开天窗说亮话　dǎkāi tiānchuāng shuō liànghuà

쓰기 연습

我是说真格的。

Wǒ shì shuō zhēngé de.

저는 정말 진심으로 말하는 겁니다.

我是说真格的。

03

저자 강의 MP3 10-03-1

사실 저는 포기하고 싶지 않아요.
其实我不想放弃。
Qíshí wǒ bùxiǎng fàngqì.

꿈을 찾는 시간은 정말로 오래 걸렸습니다. 꿈이라는 것이 있나 싶을 정도였고, 그저 하루하루 현실을 극복하기 바빴네요. 드디어 제가 좋아하고 잘할 수 있는 일을 찾았습니다. 아직 꿈을 이루기 위한 길을 멀고 어렵지만 오늘 하루라도 포기하고 싶지 않습니다.

알고 넘어가기

표현법

放弃은 주장, 의견, 권리 등을 포기하는 것을 의미합니다.
放弃로 여러 가지 예를 익혀보겠습니다.

不要放弃我。 Búyào fàngqì wǒ.
저를 포기하지 마세요.

有什么困难也不要放弃。 Yǒu shénme kùnnán yě búyào fàngqì.
무슨 곤란한 일이 있어도 포기하지 마세요.

这个工作机会我不能放弃。 Zhège gōngzuò jīhuì wǒ bùnéng fàngqì.
이 일의 기회를 나는 포기할 수 없습니다.

A: 离考试还有一个星期的时间，
Lí kǎoshì háiyǒu yí ge xīngqī de shíjiān,
准备得怎么样了？
zhǔnbèi de zěnmeyàng le?

B: 不敢松懈，每天都熬夜学习。
Bù gǎn sōngxiè, měitiān dōu áoyè xuéxí.

A: 上次考试没通过，肯定会有一定的打击，
Shàngcì kǎoshì méi tōngguò, kěndìng huì yǒu yídìng de dǎjī,
可是万万没想到你变得这么拼命。
kěshì wànwàn méi xiǎng dào nǐ biàn de zhème pīnmìng.

B: 其实我不想放弃。
Qíshí wǒ bùxiǎng fàngqì.

A: 输赢乃兵家常事，只要努力，一定会有好结果的。
Shūyíng nǎi bīngjiā chángshì, zhǐyào nǔlì, yídìng huì yǒu hǎo jiéguǒ de.

B: 谢谢你的鼓励！我会坚持到最后的。
Xièxie nǐ de gǔlì! Wǒ huì jiānchí dào zuìhòu de.

A: 시험이 일주일 남았는데 준비는 어때?
B: 긴장을 풀지 않으면서, 매일 밤새고 있어요.
A: 지난 시험은 통과하지 못해서 타격이 있지만 어찌되었든 이렇게 기를 쓰고 변할 줄 생각을 못했네.
B: 사실은 포기하고 싶지 않아요.
A: 이기고 지는 것은 늘 있는 것이지 노력만 하면 분명히 좋은 결과를 얻을 거야.
B: 격려에 감사합니다. 마지막까지 최선을 다하려고요.

단어 松懈[sōngxiè] 산만하다, 느슨하다, 해이해지다 | 熬夜[áoyè] 밤새다 | 打击[dǎjī] 공격하다, 타격을 주다
调整[tiáozhěng] 조정하다, 조절하다 | 坚持[jiānchí] 견지하다, 지속하다

자세히 알아보기

표현법

输赢乃兵家常事은 **이기고 지는 것은 전쟁 중에 항상 있는 일이다**라는 의미로 이기고 지는 것은 자주 일어나는 일이니 승패에 너무 연연하지 말라는 의미로 쓰였습니다.

쓰기 연습

其实我不想放弃。

Qíshí wǒ bùxiǎng fàngqì.

사실 저는 포기하고 싶지 않아요.

其实我不想放弃。

최선을 다해보겠습니다.
我会尽力而为。
Wǒ huì jìnlìérwéi.

누군가가 자신에게 어떤 일을 맡겼을 때 우리가 가장 많이 쓰는 말이 '최선을 다하겠습니다.'라는 말입니다. 최선을 다했음에도 결과가 좋지 않을 때도 있지만 우리가 최선을 다해야 하는 이유가 있습니다. 그러한 결과가 앞으로 살아가는데 있어서 좋은 밑거름이 될 수가 있으며 더 큰 성장을 할 씨앗이 될 수 있기 때문입니다. 하루하루 최선을 다했을 때만이 내가 원하는 꿈을 만들 수 있기 때문입니다.

알고 넘어가기

표현법

尽力而为은 **최선을 다하다, 온 힘을 다하다**라는 의미입니다.
같은 의미로 **全力而为**[quánlìérwéi]로 표현할 수 있습니다.

대화문 MP3 10-04-2

Ⓐ: 欢迎来我们公司。
Huānyíng lái wǒmen gōngsī.

Ⓑ: 我认识你们很高兴。
Wǒ rènshi nǐmen hěn gāoxìng.

Ⓐ: 你好好儿工作吧，在我们公司只要你拼命，
Nǐ hǎohāor gōngzuò ba, zài wǒmen gōngsī zhǐyào nǐ pīnmìng,

肯定会出人头地。
kěndìng huì chūréntóudì.

Ⓑ: 我会尽力而为。请多多关照。
Wǒ huì jìnlì'érwéi. Qǐng duōduō guānzhào.

Ⓐ: 在工作上有什么问题，随时可以问我们。
Zài gōngzuò shàng yǒu shénme wèntí, suíshí kěyǐ wèn wǒmen.

Ⓑ: 知道了，我会认真地工作的。
Zhīdào le, wǒ huì rènzhēn de gōngzuò de.

Ⓐ : 저희 회사에 오신 것을 환영합니다.
Ⓑ : 여러분을 만나서 기쁩니다.
Ⓐ : 열심히 일해주세요. 우리 회사에서 열심히 일을 하면 분명히 두각을 나타낼 겁니다.
Ⓑ : 최선을 다 해보겠습니다. 잘 부탁드립니다.
Ⓐ : 지내면서 무슨 문제가 있으면 언제든지 물어보세요.
Ⓑ : 알겠습니다. 저는 성실하게 일하겠습니다.

단어 欢迎 [huānyíng] 환영하다 | 出人头地 [chūréntóudì] 두각을 나타내다 | 关照 [guānzhào] 돌보다

자세히 알아보기

단어

随时와 随便에 대해 알아보겠습니다.

随时[suíshí]는 부사로 수시로, 언제든지라는 의미입니다.

有什么需要帮忙的，随时来找我。 Yǒu shénme xūyào bāngmáng de, suíshí lái zhǎo wǒ.
도움이 필요한 일이 있으면 언제든지 찾아오세요.

随便[suíbiàn]은 부사, 형용사, 동사로 사용이 되며, 마음대로라는 의미를 가집니다.

不要随便说。 Búyào suíbiàn shuō.
(부사) 맘대로 말하지 마세요.

我说话很随便。 Wǒ shuō huà hěn suíbiàn.
(형용사) 저는 마음대로 말합니다.

随你的便吧。 Suí nǐ de biàn ba.
(동사) 당신 좋을 대로 하세요.

쓰기 연습

我会尽力而为。

Wǒ huì jìnlìérwéi.

최선을 다해보겠습니다.

我会尽力而为。

본론으로 들어갑시다.
我们说正题吧。
Wǒmen shuō zhèngtí ba.

해야 할 말을 전하지 못할 때가 있습니다. 그 상황이 껄끄러울 수도 있고, 상대방이 부담스러운 상황일 수도 있습니다. 때로는 서로 부담스러운 자리이기 때문에 본론을 꺼내지도 못하고 빙빙 도는 이야기만 하고 나올 때가 있습니다. 마치 좋아하는 이성에게 자신의 마음을 전하고 싶지만 거절을 당할까, 그가 싫어하지 않을까 이런 마음에 머뭇거리며 대화를 이어가던 때도 생각이 납니다.

알고 넘어가기

단어

正题는 (말이나 글의) 주제. 중심 내용을 의미합니다.

跑题[pǎotí]는 **본론에서 벗어나다**라는 의미입니다.
이와 비슷한 의미로 **扯远**[chěyuǎn]은 본론에서 벗어나다라는 의미를 가집니다.

不要扯远了。 Búyào chěyuǎn le.
본론에서 벗어나지 마세요.

请直接回答。 Qǐng zhíjiē huídá.
직설적으로 대답하세요.

A: 爸，这是您未来的女婿孝敬您的，快收下吧！
Bà, zhè shì nín wèilái de nǚxu xiàojìng nín de, kuài shōuxià ba!

B: 这就开始贿赂我了？我还没答应呢。
Zhè jiù kāishǐ huìlù wǒ le? Wǒ hái méi dáyīng ne.

A: 爸，这是他的心意，请收下吧。
Bà, zhè shì tā de xīnyì, qǐng shōuxià ba.

B: 好了，好了，我们说正题吧。
Hǎo le, hǎo le, wǒmen shuō zhèngtí ba.

A: 我们商量着今年中秋节的时候结婚。
Wǒmen shāngliangzhe jīnnián Zhōngqiūjié de shíhou jiéhūn.

B: 这么大的事儿就你们两个商量着决定了？
Zhème dà de shìr nǐmen liǎng ge shāngliangzhe jiù juédìng le?

A: 아빠, 이것은 미래의 사위가 아빠한테 주는 선물이에요. 빨리 받아봐요!
B: 이거 나한테 뇌물 주는 거야? 나 아직 허락 안 했다.
A: 아빠, 그 사람의 마음이에요. 받아주세요.
B: 됐고, 본론을 말해봐.
A: 우리 올해 추석 때 결혼하려는 거 이야기하고 있어요.
B: 이렇게 큰일을 너희 둘이 이야기하고 결정한다고?

단어 未来 [wèilái] 미래 | 女婿 [nǚxu] 사위 | 孝敬 [xiàojìng] 공경하다. 돈이나 물건을 드려서 효도하고 공경하는 의미
贿赂 [huìlù] 뇌물을 주다

자세히 알아보기

표현법

这是您未来的**女婿孝敬**您的에서 **女婿孝敬**에 대해 알아보겠습니다.

女婿은 사위를 의미하고, **孝敬**은 공경하다, 효도하다라는 의미를 가집니다. 또한 **돈이나 물건을 드려서 효도한다**라는 의미를 가지고 있고, 표현에서는 이 의미로 쓰였습니다.

쓰기 연습

我们说正题吧。

Wǒmen shuō zhèngtí ba.

본론으로 들어갑시다.

我们说正题吧。

06 저자 강의 MP3 10-06-1

그 누구도 예외는 없습니다.
谁都不能例外。
Sheí dōu bùnéng lìwài.

호가호위(狐假虎威)는 여우가 호랑이의 힘을 빌려 거만하게 잘난 체하며 경솔하게 행동한다는 의미로 남의 권세를 빌려 위세를 부림을 비유합니다. 조직이 크건 작건 이러한 상황은 많은 곳에서 나타나고 있는데요. 자신의 직위를 이용해서 혹은 누군가의 직위를 이용하여 특혜를 받는다는 것은 또 다른 누군가에게 피해를 주는 것은 아닐까요?

알고 넘어가기

표현법

例外는 **예외**라는 의미를 가집니다.

规则都有例外。 Guīzé dōu yǒu lìwài.
예외 없는 규칙은 없습니다.

生老病死，谁也不能例外。 Shēng lǎo bìng sǐ, sheí yě bùnéng lìwài.
생노병사에는 누구도 예외가 없습니다.

Ⓐ: 师傅，请靠边停车，我们怀疑你酒后驾驶！
Shīfu, qǐng kàobiān tíngchē, wǒmen huáiyí nǐ jiǔ hòu jiàshǐ!

Ⓑ: 你知道我是谁吗？你不应该这样拦住我。
Nǐ zhīdào wǒ shì shéi ma? Nín bù yīnggāi zhèyàng lánzhù wǒ.

Ⓐ: 我不知道你是谁，我是在例行公事，
Wǒ bù zhīdào nǐ shì shéi, wǒ shì zài lìxínggōngshì,

你的酒精数值严重超标，请下车！
nǐ de jiǔjīng shùzhí yánzhòng chāobiāo, qǐng xiàchē!

Ⓑ: 您知道我的叔叔是谁？
Nín zhīdào wǒ de shūshu shì shéi?

Ⓐ: 法规面前，没有叔叔！违规受罚，谁都不能例外。
Fǎguī miànqián, méiyou shūshu! Wéiguī shòufá, shéi dōu bùnéng lìwài.

Ⓑ: 警察同志，我知道错了，饶我一回不行吗？
Jǐngchá tóngzhì, wǒ zhīdào cuò le, ráo wǒ yì huí bù xíng ma?

Ⓐ : 저기요, 길가에 차 좀 세우세요. 음주운전 하신 것 같은데요!
Ⓑ : 내가 누군지 알아요? 이렇게 절 막으시면 안됩니다.
Ⓐ : 모르겠는데요. 저는 관례에 따라 공무를 처리합니다. 음주 수치가 기준을 초과했네요. 내리세요!
Ⓑ : 내 삼촌이 누군지 알아요?
Ⓐ : 법률 앞에는 삼촌은 없습니다! 규정을 어기면 처벌을 받는 게 당연한 겁니다. 누구도 예외는 없습니다.
Ⓑ : 경찰관님, 제가 잘못했네요, 한 번만 봐주면 안되겠어요?

단어 怀疑 [huáiyí] 의심하다 | 驾驶 [jiàshǐ] 운전하다 | 超标 [chāobiāo] 기준을 초과하다
违规 [wéiguī] 규정을 어기다 | 受罚 [shòufá] 처벌을 받다

자세히 알아보기

단어

饶我一回不行吗?에서 饶는 **용서하다**라는 의미입니다. 저를 한 번만 봐주시면 안될까요?라는 표현입니다.

정식적으로 안되는 일을 부탁할 때 쓸 수 있는 표현입니다.

饶了我吧。**저 좀 봐주세요**라는 의미를 가집니다.

쓰기 연습

谁都不能例外。

Sheí dōu bùnéng lìwài.

그 누구도 예외는 없습니다.

谁都不能例外。

07

저자 강의 MP3 10-07-1

저는 무슨 일을 하든 대세를 따르지 않습니다.

我这个人,
Wǒ zhège rén,

不管做什么都不随波逐流。
bùguǎn zuò shénme dōu bù suíbōzhúliú.

그런 사람들 있죠? 새로운 제품이 나오면 무조건 사는 사람들이 있습니다. 많은 사람들이 유행에 민감하고 다른 사람이 새로운 것을 하면 빠르게 따라하는 경향이 있습니다. 유행이라는 말은 변화라고도 할 수 있는데 어떤 변화에 적응을 못하는 것도 문제지만 무조건적으로 받아들이는 것도 문제가 되겠지요.

알고 넘어가기

표현법

不管은 ~에 관계없이, ~을 막론하고라는 의미를 가집니다.
조건관계의 접속사로서 어떤 상황에서도 결과는 변하지 않는다는 것을 나타냅니다.
不管 뒤에는 보통 **怎么, 什么都, 谁, 多** 등의 의문대명사가 옵니다.
随波逐流[suíbōzhúliú]는 자기 주관 없이 시대 조류에 휩쓸리다, 남이 하는 대로 따라 하다, 남의 장단에 춤을 추다라는 의미입니다.

대화문 MP3 10-07-2

대화문

Ⓐ: 你要去韩国留学吗?
　　Nǐ yào qù Hánguó liúxué ma?

Ⓑ: 下个月就出国了。
　　Xià ge yuè jiù chūguó le.

Ⓐ: 咱中国人把韩流追捧得那么厉害,
　　Zán Zhōngguórén bǎ hánliú zhuīpěng de nàme lìhai,

　　你去了不会也当个追星族吧?
　　nǐ qùle búhuì yě dāng ge zhuīxīngzú ba?

Ⓑ: 我这个人，不管做什么都不随波逐流。
　　Wǒ zhège rén, bùguǎn zuò shénme dōu bù suíbōzhúliú.

Ⓐ: 那就好，追星耽误学业。
　　Nà jiù hǎo, zhuīxīng dānwù xuéyè.

Ⓑ: 我一定要好好儿学习，拿到奖学金!
　　Wǒ yídìng yào hǎohāor xuéxí, nádào jiǎngxuéjīn!

Ⓐ: 너 한국으로 유학 가려고?
Ⓑ: 응, 다음 달에 출국해.
Ⓐ: 우리 중국인들은 한류를 좋아하는 게 심할 정도인데, 너 또 가서 오빠부대에 빠지는 것 아니야?
Ⓑ: 나는 무슨 일을 하든 대세를 따르지 않아.
Ⓐ: 그럼 됐어, 연예인 따라다니다간 공부 못하게 될거야.
Ⓑ: 난 꼭 열심히 공부해서 장학금 받을거야!

단어 追捧[zhuīpěng] 열렬하게 추종하다, 사랑받다 | 追星族[zhuīxīngzú] 오빠부대
随波逐流[suíbōzhúliú] 남이 하는 대로 따라하다 | 耽误[dānwù] 일을 그르치다, 시기를 놓치다
奖学金[jiǎngxuéjīn] 장학금

자세히 알아보기

단어

再说了는 **다시 말하면, 덧붙여 말하자면**이라는 의미를 가집니다.
앞 문장에서 하나의 원인이나 설명이 나오고 뒤에 부차적인 이유나 설명을 말할 때 쓰입니다. 이런 의미 외에도 나중에 다시 이야기하자라는 유보적인 의미도 가지고 있습니다.

쓰기 연습

我这个人,
Wǒ zhège rén,

不管做什么都不随波逐流。
bùguǎn zuò shénme dōu bù suíbōzhúliú.

저는 무슨 일을 하든 대세를 따르지 않습니다.

我这个人,
不管做什么都
不随波逐流。

08

저자 강의 MP3 10-08-1

난 이 일을 눈 감아 줄 수가 없을 것 같네요.

在这件事情上,
Zài zhè jiàn shìqíng shàng,

我绝对不能睁 一只眼闭一只眼。
wǒ juéduì bùnéng zhēng yì zhī yǎn bì yì zhī yǎn.

알면서도 눈을 감을 때도 있다는 것을 나이가 먹어감에 따라 알았습니다. 눈에 보이는 것만 보기만 했었는데 시간이 지날수록 눈에 보이지 않는 진실도 있다는 것을 알았습니다.

알고 넘어가기

표현법

绝对는 **아주, 정말**이라는 의미를 가집니다.
부정부사 앞에 **绝对**가 놓이면 **절대로, 결코**라는 의미를 가집니다.
睁一只眼闭一只眼은 **한쪽 눈은 크게 뜨고, 한쪽 눈은 닫다**라는 의미입니다. 즉, 보고도 못 본 척하는 의미를 가집니다.

A: 你挪用公款了？
Nǐ nuóyòng gōngkuǎn le?

B: 这两天手头紧，没办法，
Zhè liǎngtiān shǒutóu jǐn, méi bànfǎ,

就拿了点儿公司暂时不会用的钱。
jiù nále diǎnr gōngsī zànshí búhuì yòng de qián.

A: 再不用也是公款，私自拿可是犯罪，要坐牢的啊。
Zài búyòng yěshì gōngkuǎn, sīzì ná kěshì fànzuì, yào zuòláo de a.

B: 公司发现之前，我肯定填上的，你放心吧。
Gōngsī fāxiàn zhī qián, wǒ kěndìng tián shàng de, nǐ fàngxīn ba.

A: 不行，在这件事情上，
Bù xíng, zài zhè jiàn shìqíng shàng,

我绝对不能睁一只眼闭一只眼。
wǒ juéduì bùnéng zhēng yì zhī yǎn bì yì zhī yǎn.

B: 我知道错了，再也不敢了，你就饶了我这次吧。
Wǒ zhīdào cuò le, zài yě bù gǎn le, nǐ jiù ráole wǒ zhècì ba.

A: 너 공금 횡령했지?
B: 요 며칠 주머니 사정이 어려워서 어쩔 수 없이 회사에서 잠시 동안 쓰지 않을 돈을 좀 썼어요.
A: 아무리 안 써도 공금이야, 사적으로 쓰는 것은 범죄이고 감옥에 가야 돼.
B: 회사에서 발견하기 전에 꼭 채워 놓을게요. 걱정하지 마요.
A: 안돼, 이 일에 있어선 절대로 눈감아줄 수가 없어.
B: 제가 잘못했어요. 다신 안 그럴게요. 이번만 용서해줘요.

단어 挪用 [nuóyòng] 횡령하다　　公款 [gōngkuǎn] 공금　　暂时 [zànshí] 잠시

자세히 알아보기

구문

再에 관련된 구문에 대해 알아보겠습니다.

再 : 계속 ~한다면

你再不做，我就会生气了。 Nǐ zài bú zuò, wǒ jiù huì shēngqì le.
당신이 계속 안한다면, 저는 화낼 거에요.

再也 : 다시는, 더 이상 (뒤에 부정이 온다)

再也不会吃了。 Zài yě búhuì chī le.
다시는 안 먹을 거에요.

再....也 : 아무리 ~해도

再漂亮也不说。 Zài piàoliang yě bù shuō.
아무리 이뻐도 말 안해요.

쓰기 연습

在这件事情上，
Zài zhè jiàn shìqíng shàng,

我绝对不能睁一只眼闭一只。
wǒ juéduì bùnéng zhēng yì zhī yǎn bì yì zhī yǎn.

난 이 일을 눈 감아 줄 수가 없을 것 같네요.

在这件事情上，我绝对不能睁一只眼闭一只眼。

10. 의지

09

저자 강의 MP3 ▶ 10-09-1

최대한 여러분의 요구를 만족시키도록 해보겠습니다.

我尽可能满足大家的要求。
Wǒ jǐnkěnéng mǎnzú dàjiā de yàoqiú.

조직의 리더가 되면 구성원의 요구에 대해 만족을 시켜주는 것이 가장 중요한 역할이 됩니다. 리더는 구성원들의 자신의 일을 잘할 수 있는 환경을 만들어주어야 하고, 리더는 구성원들이 필요한 것들을 문제없이 준비해야 좋은 리더가 될 수 있습니다. 또한 리더가 있는 듯 없는 듯 자신의 일을 스스로 찾아내서 할 수 있는 환경으로 만들어 준다면 최고의 조직이 될 것이라 믿습니다.

알고 넘어가기

단어

尽可能에 대해 알아보겠습니다.

尽可能은 **되도록, 가능한 한, 될 수 있는 한**이라는 의미를 가집니다.
무언가를 함에 있어서 신속하게 할 수 있도록 하는 부사입니다.

尽可能快点给我做。 Jǐnkěnéng kuài diǎn gěi wǒ zuò.
가능한 한 빨리 해서 저에게 주세요.

尽可能早点儿来。 Jǐnkěnéng zǎo diǎnr lái.
가능한 한 빨리 오세요.

대화문

Ⓐ: 大家有什么建议和意见，都说说吧。
　　Dàjiā yǒu shénme jiànyì hé yìjiàn, dōu shuōshuo ba.

Ⓑ: 我们不是去买东西，尽量少安排些购物的行程。
　　Wǒmen búshì qù mǎi dōngxi, jǐnliàng shǎo ānpái xiē gòuwù de xíngchéng.

Ⓐ: 好的，我都记下来了，还有吗？
　　Hǎo de, wǒ dōu jì xiàlái le, háiyǒu ma?

Ⓑ: 没有了，最主要的就是这几点。
　　Méiyou le, zuì zhǔyào de jiùshì zhè jǐ diǎn.

Ⓐ: 好的，我尽可能满足大家的要求，
　　Hǎo de, wǒ jǐnkěnéng mǎnzú dàjiā de yàoqiú,

计划一个大家都满意的行程。
jìhuà yí ge dàjiā dōu mǎnyì de xíngchéng.

Ⓐ : 여러분들 어떤 건의나 의견이 있으면 말하세요.
Ⓑ : 그리고 우리는 물건을 사러 가는 것 아니기 때문에 가능한 한 쇼핑하는 일정은 빼주세요.
Ⓐ : 좋습니다. 제가 다 적었어요, 또 있나요?
Ⓑ : 없어요, 말씀드리고 싶은 요점은 바로 이것들이에요.
Ⓐ : 좋습니다. 제가 최대한 여러분의 요구를 만족시키도록 하겠습니다. 여러분들이 만족하는 여정으로 계획을 세우겠습니다.

단어 自由行 [zìyóuxíng] 자유 여행 | 行程 [xíngchéng] 여정

자세히 알아보기

단어

安排와 布置에 대해 알아보겠습니다.

安排[ānpái]는 (인원·시간 등을) 안배하다, 일을 처리하다, 준비하다라는 의미를 가집니다.

布置[bùzhì]는 할당하다, 배치하다, 장식하다라는 의미입니다.
어떤 일을 안배하고 할당하는 것이거나 물품이나 가구 등을 잘 배치하고 꾸미는 것을 의미합니다.

쓰기 연습

我尽可能满足大家的要求。

Wǒ jǐnkěnéng mǎnzú dàjiā de yàoqiú.

최대한 여러분의 요구를 만족시키도록 해보겠습니다.

我尽可能满足大家的要求。

이제 기분 전환을 해야겠어요.

我要去换一换心情。

Wǒ yào qù huànyihuàn xīnqíng.

마음이 답답할 때가 있습니다. 그럴 때는 하던 것을 멈추고 여행을 떠나는 것도 방법이긴 하지만 바쁜 사회에서 그런 여유도 허락이 되지 않지요. 돈이 있으면 시간이 없고, 시간이 있으면 돈이 없는 이런 생활의 연속이지요. 그래서 나만의 취미생활을 만들어서 일상에서의 스트레스를 줄이는 것이 정신 건강에 좋다고 생각하는데요. 어떻게 극복해야 할까요?

알고 넘어가기

표현법

换一换心情은 **기분 전환을 하다**라는 의미입니다.
换一下心情으로도 표현을 할 수 있습니다.

你怎么转换心情? Nǐ zěnme zhuǎnhuàn xīnqíng?
당신은 어떻게 기분을 전환하나요?

您怎么调节心情? Nín zěnme tiáojié xīnqíng?
당신은 어떻게 기분을 전환하나요?

我们散散心吧。 Wǒmen sànsàn xīn ba.
우리 기분 전환합시다.

A: 你在买飞机票吗？要去哪儿？
Nǐ zài mǎi fēijī piào ma? Yào qù nǎr?

B: 最近太压抑了，想出去转转， 换一换心情。
Zuìjìn tài yāyì le, xiǎng chūqù zhuǎnzhuan, huànyihuàn xīnqíng.

A: 也好，出去走走，缓解一下压力。
Yě hǎo, chūqù zǒuzou, huǎnjiě yíxià yālì.

B: 不过还没想好去哪儿，你给推荐一下？
Búguò hái méi xiǎng hǎo qù nǎr, nǐ gěi tuījiàn yíxià?

A: 去云南大理吧，那里风光可美了。
Qù Yúnnán Dàlǐ ba, nàli fēngguāng kě měi le.

B: 好！就听你的了，去大理！
Hǎo! jiù tīng nǐ de le, qù Dàlǐ!

A: 비행기 티켓 사시는거에요? 어디 가세요?
B: 최근에 기분이 너무 답답해서, 바람 좀 쐬고 기분 전환을 하고 싶어서요.
A: 좋죠, 바람 쐬고, 스트레스도 풀고요.
B: 그런데 아직 어디 갈지는 정하지 않았어요, 추천할만한 곳 있어요?
A: 윈남 따리에 가보세요, 그곳 경치가 매우 아름다워요.
B: 좋아요, 당신 말 들어야겠어요, 따리로 갈래요!

단어 | 压抑 [yāyì] 답답하다, 부자연스럽다 | 风光 [fēngguāng] 풍경, 경치 | 缓解 [huǎnjiě] 완화되다, 호전시키다

자세히 알아보기

단어

你给推荐一下？ 에서 **推荐**은 **추천하다**라는 의미입니다.
推荐과 비슷한 의미로 **参谋**[cānmóu]로 바꾸어 쓸 수 있습니다.
우리말로 하면 '참모'라는 말인데 보통 군대 용어로 많이 쓰입니다.
중국어에서는 조언을 해주는 것을 의미합니다.

쓰기 연습

我要去换一换心情。
Wǒ yào qù huànyihuàn xīnqíng.

이제 기분 전환을 해야겠어요.

我要去换一换心情。

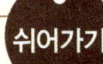

중국 영화를 통해 배우는 영화 명대사 ❿

좌이
左耳

2015년 개봉한 중국의 로맨스 영화입니다.

감독은 소유붕(苏有朋)이며, 주연은 양양(杨洋), 후샤(胡夏), 진도령(陈都灵), 구호(欧豪)입니다. 중국작가 라오쉐만이 쓴 같은 제목의 청춘소설이 원작이고, 대만 아이돌 출신의 배우 소유붕이 연출을 맡아 감독 데뷔를 한 영화입니다.

2005년 중국 푸지엔성, 왼쪽 귀가 거의 들리지 않는 17세 소녀 리어어는 자신을 짝사랑하는 사촌 유타와 함께 티아니 고등학교에 다닙니다. 리어어가 좋아하는 남학생은 잘생기고 운동도 잘하는 수이입니다. 또 다른 인물인 장양이라는 남학생은 어린 시절 자신을 버린 어머니가 수이의 아버지와 재혼한 것을 두고 복수하기를 결심합니다.

마침 학교를 중퇴하고 동네 술집에서 노래를 부르는 리바라는 남학생 장양을 짝사랑 하는데 장양은 자신과 만나려면 먼저 수이의 마음을 훔친 후 그의 인생을 망가뜨리라고 요구합니다. 그 와중에 수이를 좋아하는 리어어는 리바라가 수이와 함께 있는 것을 보고 놀라지만 이후 그녀와 친구가 됩니다. 그러나 리바라가 장양과 다투고 사고로 숨을 거두면서 리어어의 삶도 어려워지는데...... 결국은 작은 오해로 시작된 원망은 한 사람의 인생을 송두리째 뒤집어 놓게 됩니다.

〈좌이〉에서 배울 수 있는 대사를 공부해볼까요?

❶ 爱对了是爱情，爱错了是青春。
Ài duìle shì àiqíng, ài cuòle shì qīngchūn.

사랑이 맞으면 애정이고, 사랑이 틀리면 청춘이야.

❷ 你不说话就是默认了啊?
Nǐ bù shuōhuà jiùshì mòrèn le a?

무언의 긍정이야?

❸ 我才不管别人怎么看我。
Wǒ cái bùguǎn biérén zěnme kàn wǒ.

난 남들의 시선 따위는 신경 쓰지 않아.

❹ 你不要脸，我还要脸。
Nǐ búyào liǎn, wǒ hái yào liǎn.

당신은 괜찮겠지만 전 괜찮지 않아요.

❺ 你有多久没有心动过？
Nǐ yǒu duōjiǔ méiyou xīndòngguo?

그동안 설레본 적이 있나요?

단어

默认[mòrèn] 묵인하다 | **心动**[xīndòng] 설레다. 심장이 뛰다

한 문장으로 통(通)하는
중국어 표현
100